LA RÉVÉLATION DES FILS DE DIEU

DÉCOUVREZ LE BUT DE VOTRE VIE

Ce livre est également disponible en version eBook.

ISBN : 978-2-95-576563-0

LA RÉVÉLATION DES FILS DE DIEU

DÉCOUVREZ LE BUT DE VOTRE VIE

PASCAL MALONDA

Ce livre est dédié à Dieu,
l'initiateur et l'inspirateur de ce projet,
ainsi qu'à mes parents,
vous êtes à jamais mes héros.

« Aussi la création attend-elle avec un ardent désir la révélation des fils de Dieu. »

(Romains ch. 8 : v. 19)

Introduction

L'histoire de ce livre commence le 10 juillet 2013. À l'époque, je ne me doute pas que cette date marquera un tournant dans ma vie. Ce jour-là, au volant de ma voiture, je suis comme souvent le matin, plongé dans mes pensées. Alors que toutes sortes d'idées et d'images sans intérêt défilent dans mon esprit, mon attention s'arrête sur la pensée de l'éternité. À ce moment précis, je me visualisai au ciel, tenant dans mes mains toutes les œuvres que j'avais accomplies sur Terre. Debout, face à moi, se tenait un homme, je compris tout de suite que c'était Jésus. Il me salua chaleureusement, et me dit : « Entre dans la joie de ton maître, bon et fidèle serviteur. »[1] À l'écoute de ces paroles, une joie intérieure m'envahit, car je compris que les portes de l'éternité m'étaient grandes ouvertes. À quelques pas de nous, il y avait un autel d'où se libéraient d'immenses flammes. Jésus prit alors mes œuvres et les jeta au milieu du feu. Je pouvais entendre leur crépitement alors qu'elles se consumaient. Une fumée noire se dégagea, puis plus rien. Elles venaient d'être embrasées, comme de la paille. Surpris, je tournai mon regard vers Jésus et Lui demandai : « Où sont mes récompenses pour tout ce que j'ai accompli ? Je n'ai donc rien remporté ? » Il désigna

---

1. Matthieu 25:21.

11

du doigt un gigantesque écran qui apparut face à moi et me dit : « Regarde la vie que tu aurais pu avoir. » Des images défilaient devant moi en accéléré, mais je n'arrivais pas à comprendre ce dont il s'agissait. Néanmoins, depuis ce jour, une conviction s'ancra dans mon cœur : la vie que j'aurais dû avoir était démesurément meilleure que celle que j'avais eue. Pourtant, j'avais vécu de belles choses, à mes yeux. Comment aurais-je pu avoir une vie meilleure que celle-ci ?

Trois jours plus tard, j'arrivai à l'aéroport de Las Vegas, pour trois semaines de vacances. Le dimanche matin, je me rendis dans une église située à une quinzaine de minutes du centre-ville, l'International Church of Las Vegas. Le pasteur Paul Goulet enseignait ce jour-là sur l'importance de développer son esprit, c'est-à-dire son « être intérieur ». Au cours de son enseignement, il prit cet exemple pour illustrer son message : « Imaginez un instant que vous êtes au ciel. Vous êtes devant Jésus et Il vous dit : 'entre dans la joie de ton maître, bon et fidèle serviteur'. Vous lui donnez vos œuvres. Il les met au feu. Ce feu les consume, et vous réalisez que vous n'avez rien ! Vous êtes sauvé certes, mais vous êtes passé à côté de la vie que Dieu avait prévue pour vous. » Pendant qu'il parlait, je réalisais qu'il était en train de décrire mot pour mot ce que j'avais vécu quatre jours plus tôt. On avait beau être près de 800 personnes dans le bâtiment, je savais que ce message m'était directement adressé. Ce n'était donc pas le fruit de mon imagination, c'était bel et bien un message que Dieu voulait me transmettre. Dès lors, je n'avais plus d'excuse. Je ne savais pas quelle vie Dieu voulait que j'aie exactement, mais je savais que je ne pouvais plus faire la politique de l'autruche. Il fallait que je découvre absolument ce pour quoi j'étais né et ce qu'Il avait prévu pour ma vie.

La compréhension de la Destinée m'a amené à découvrir et à saisir le sens de la vie et la raison de notre existence sur terre. Elle m'a amené à saisir quelle est notre place dans cet immense univers, et quel est le lien qui unit l'Homme à Dieu. Ces recherches m'ont conduit à dévorer des livres, des articles, et des revues traitant du sujet, à assister à des séminaires et des conférences, à discuter avec des hommes et des femmes aussi en quête d'un but pour leur vie, à rencontrer des personnes qui avaient accompli des choses significatives parce qu'elles avaient compris ce pour quoi elles étaient là ; et finalement à entrer moi-même dans ma destinée.

Cela m'a permis de comprendre qui j'étais et je me permets de vous aider à découvrir qui vous êtes. Cette compréhension n'est possible que lorsque vous réalisez que Dieu est au centre de la vie. Nier Son existence a eu pour conséquence de créer un vide dans le cœur de l'Homme et toutes ses tentatives pour remplir ce vide par lui-même l'ont conduit à l'insatisfaction et mené notre monde à des dérives extrêmes. Notre monde est anesthésié par la pénombre qui se pose lentement sur lui, mais l'Homme n'y prête pas attention. Il est aveuglé par la lumière artificielle de sa vie et préfère se convaincre que tout va bien tant que son quotidien n'est pas directement ébranlé par les tragédies que l'on voit au journal télévisé. Mais il y a un peu plus de 2000 ans maintenant, trois mages ont vu briller une autre lumière, c'était une étoile dans le ciel.

Ils l'ont suivie, et elle les a conduits jusqu'à Jésus, le Fils de Dieu, le Sauveur du monde, Celui que les Saintes Écritures appellent l'Étoile du matin. À une époque où la voix de Dieu devient inaudible pour l'Homme, où les ténèbres s'assoient de plus en plus sur nos sociétés, Il veut faire émerger des étoiles, ses fils et ses filles, pour qu'ils apportent la lumière et la vérité là où ils se trouvent. Alors que le choc des cultures, les relations entre les populations et la défiance vis-à-vis des hommes politiques se font de plus en plus forts, aujourd'hui, plus que jamais, le moment est venu pour la révélation des fils et des filles de Dieu.

Ce livre n'est ni eschatologique, ni religieux, car ce ne sont pas toujours dans ces discours que l'on trouve la solution. Il aura plutôt pour but de rompre avec l'esprit religieux et de replacer Dieu au centre de la Création. L'esprit religieux se définit comme une tentative de l'homme de se rapprocher de Dieu en créant un ensemble de règles et de préceptes ancrés dans des traditions humaines, ou bien le fait pour un croyant de croire que l'obéissance à des règles le rapprocheront de Dieu. Dans les deux cas, cette mentalité a pour conséquence de rendre la « relation » du croyant avec Dieu monotone, culpabilisante ou frustrante. L'Homme aura beau faire ce qu'il veut, il ne pourra jamais être complètement épanoui tant qu'il ne se sera pas reconnecté à la Source de la vie et qu'il n'aura pas compris le but de sa vie.

Ce livre se présente en quatre parties :

- La première partie « Les conséquences d'un monde sans Dieu », établit un constat de la situation actuelle de nos sociétés modernes et comment nous en sommes arrivés là.

- La seconde partie « Entre Dieu et l'Homme », nous renvoie aux origines de la création et au plan de Dieu pour l'Homme.

- La troisième partie « Commencer une vie victorieuse », nous rappelle que ceux qui ont choisi de marcher véritablement avec Dieu pourront vivre une vie victorieuse qui ne sera certes pas exempte d'épreuves et de difficultés, mais elles serviront à les rendre plus forts.

- La quatrième partie « La destinée », nous permet de saisir quel est le but de notre présence sur terre et de comprendre comment Dieu a choisi son peuple pour Le représenter.

PREMIÈRE PARTIE

Les conséquences d'un monde sans Dieu

Chapitre 1
La pensée de Dieu de
l'Antiquité à nos jours

1 – Un peu de science éloigne de Dieu, beaucoup y ramène[1]

Depuis la nuit des temps, l'Homme n'a eu de cesse de se demander quelle était sa place dans l'univers. La complexité et l'immensité du ciel éveillent en lui une multitude de questions auxquelles il ne sait pas toujours répondre. Elles le conduisent jusqu'au tréfonds de son âme, dans l'infini de ses pensées, de ses raisonnements et de son imagination. « Finalement, quel est mon rôle sur terre ? Quel est le but et le sens de ma vie ? » se demande-t-il. Le célèbre biologiste Thomas Huxley a déclaré un jour :

> La question suprême pour l'humanité, le problème qui est la base de tous les autres, et qui nous intéresse plus profondément qu'aucun autre, est

---

1. Citation de Louis Pasteur, célèbre scientifique français (1822-1895).

> la détermination de la place
> que l'homme occupe dans la
> nature et de ses relations avec
> l'ensemble des choses. D'où
> sommes-nous sortis ? Quelles
> sont les bornes de notre pouvoir
> sur la nature et celle de la nature
> sur nous ? **Quel est notre but
> et notre destinée ?**[2]

Les avancées scientifiques ont permis d'établir que l'univers est régi par un langage mathématique qui obéit à des lois dont l'emboîtement lui permet d'exister. La terre est elle aussi régie par un ensemble de lois physiques et naturelles, et on sait aujourd'hui que toute vie humaine n'est possible que parce qu'elle obéit à ces lois. L'esprit de l'Homme est lui aussi soumis à des lois invisibles, comme inscrites dans sa conscience. Contrairement à la nature qui, elle, est soumise de plein gré, l'Homme a la possibilité de choisir ce qu'il juge bon ou mauvais pour sa vie, et chacune de ses décisions façonnera sa vie. La complexité de l'univers et de la vie sur terre est telle qu'il en devient de plus en plus difficile de soutenir, même pour les scientifiques athées les plus tenaces, que la terre et l'ensemble du système solaire sont le simple fruit du hasard.

Le mathématicien Euclide en son temps (300 avant Jésus-Christ), avait lui-même déjà établi ce constat. Il affirmait : « Les lois de la nature ne sont rien d'autre que la pensée mathématique de Dieu. »[3] Si Euclide en son temps doutait déjà de l'absence de Dieu, et que nos scientifiques contemporains ne parviennent toujours pas à remplacer

---

2. Thomas Huxley : Evidence as to man's place in nature. Londres, 1863.
3. Igor et Grichka Bogdanov, *La Fin du Hasard, Ed. Grasset, Paris, 2013, p.7 (Coll. « J'ai Lu »).*

Dieu par le hasard, quelles preuves la nature et la Bible apportent-t-elles pour expliquer un Dieu Créateur de tout ce qui existe ?

- **Dieu se révèle au travers de la création et de la Bible**

Les darwinistes reprochent souvent aux créationnistes de croire en Dieu, sans réel fondement autre que leur foi. La foi, il est vrai, est le principal élément qui permet de saisir la réalité spirituelle de Dieu. Mais il y a bien plus, si l'on observe attentivement la nature, elle témoigne d'elle-même de l'empreinte de son Créateur. Des théologiens ont même introduit la métaphore selon laquelle Dieu se révèle au travers de « deux livres » : le livre universel qu'est la nature, qui révèle la main du Créateur, et le livre des Saintes Écritures[4] qui est la Parole de Dieu, c'est-à-dire la Bible. L'apôtre Paul appuie également cette thèse dans la Bible, dans le premier chapitre du livre aux Romains, dans lequel il explique que tout Homme qui prend réellement le soin d'observer la nature, devra forcément admettre qu'elle est l'œuvre du Grand Dieu Créateur. Il dit ce qui suit :

> En effet, les perfections invisibles de Dieu, sa puissance éternelle et sa divinité, se voient comme à l'œil nu, depuis la création du monde, quand on les considère dans ses ouvrages. Ils [les hommes] sont donc inexcusables, car ayant connu Dieu, ils ne l'ont point

---

4. Source : http://www.scienceetfoi.com (consulté le 25 décembre 2015).

21

> glorifié comme Dieu et ne Lui
> ont point rendu grâces ; mais
> ils se sont égarés dans leurs
> pensées et leur cœur sans intel-
> ligence a été plongé dans les
> ténèbres. (Romain 1:20)

Plus récemment, Albert Einstein avait fait le même constat. En réponse à un enfant qui lui demandait s'il croyait en Dieu, il lui dit : « Tous ceux qui sont sérieusement impliqués dans la science finiront un jour par comprendre qu'un esprit se manifeste dans les lois de l'univers, un esprit immensément supérieur à l'homme. »[5] L'Homme a beau réfléchir et se questionner, il semble que quelque chose d'inexplicable le dépasse. Quelque chose qui dépasse ses pensées et ses raisonnements. Quelque chose de supérieur en connaissance, en force, et en puissance.

Qu'il s'agisse de récits bibliques ou de récits scientifiques, l'acte de création semble toujours porter la signature d'un être plus grand, Dieu.

• La science à l'appui de la Bible

Les découvertes scientifiques de ces dernières années confirment de plus en plus d'événements et de faits relatés dans la Bible, notamment le Big Bang tel qu'il est décrit dans le livre de la Genèse. Parmi ces découvertes, celle du physicien Robert Woodrow Wilson qui pensait au début de sa carrière que l'univers n'avait jamais connu de commencement, ni dans une explosion, ni autrement. Pour lui, l'univers était éternel, ce qui remettait en cause la théorie

---

5. Igor et Grichka Bogdanov, *Le Visage de Dieu*, éd. J'ai Lu, Paris, p. 186 (Coll. « J'ai lu Roman »).

du Big Bang, mais aussi l'idée qu'il y ait eu création. Cependant, ses recherches le conduisirent plus tard à réaliser qu'il avait eu tort ; qu'il y avait bel et bien eu création de l'univers et de l'espace-temps. Voici ce qu'il déclara lors d'une conférence :

> Le Big Bang correspond – comme dans la Genèse – à la création de tout à partir de rien : Pour être cohérent avec nos observations, nous devons comprendre que non seulement il y a création de la matière, mais aussi création de l'espace et du temps. Les meilleures données dont nous disposons sont exactement ce que j'aurais pu prédire si je n'avais rien lu d'autre que les cinq livres de Moïse, les Psaumes et la Bible. Le Big Bang a été un instant de brusques créations à partir de rien[6].

Le fait que la science moderne affirme qu'il y a bien eu un acte de création, et que celui-ci correspond aux faits relatés dans la Bible est d'une importance fondamentale car cela témoigne de l'intervention d'un Créateur. Au travers de leurs découvertes, les scientifiques reconstituent petit à petit les prémices de l'humanité, l'histoire de la Genèse. Les célèbres frères Bogdanov sont très controversés dans le milieu scientifique depuis que leurs trois derniers ouvrages,

---

6. Extrait du livre *Le Visage de Dieu* d'Igor et Grichka Bogdanov, p. 114 – Conférence à l'université de l'Illinois. Cité par Chuck Colson dans Break Point Big Bang versus Atheist (28 septembre 2006).

Le Visage de Dieu, *La Pensée de Dieu* et *La Fin du hasard* abordent sans détour le fait qu'il ne peut y avoir de hasard possible à l'existence de Dieu. Néanmoins, leur perception de l'univers n'en est pas moins intéressante. Dans le livre *La Fin du hasard*, ils rejoignent ces grandes découvertes scientifiques, en expliquant l'existence d'un Dieu infiniment plus grand. En comparant l'instant de la création à une chance sur « 10 000 milliards de milliards de milliards de milliards »[7] de tomber sur la « juste » valeur mathématique pour son éclosion, ils révèlent là un fait important, la création est bien le fruit d'un Dieu intelligent et certainement pas celui du hasard.

2 – Dieu dans la culture occidentale

La représentation de Dieu dans la culture occidentale en général, a beaucoup changé au cours des derniers siècles. En France par exemple, de 1789 à nos jours, la nation s'est progressivement éloignée de la pensée de Dieu, faisant d'elle aujourd'hui l'un des principaux pays à majorité athée en Europe.

• La France et la chute du christianisme

L'Histoire nous montre que le christianisme a durablement influencé la société française comme en témoignent plusieurs de nos lois inspirées du christianisme, notre calendrier grégorien, et même l'organisation des villes et des villages dans lesquels l'église se retrouve au centre.

---

7. Igor et Grichka Bogdanov, idem, p. 19.

Aujourd'hui, ces mêmes églises sont vides et se remplissent en de rares occasions pour célébrer les naissances, les mariages et... les enterrements. Même la célébration de Noël, symbole de la naissance du Christ et partie intégrante de l'histoire et de la culture françaises, est de plus en plus décriée. Plusieurs raisons expliquent ce refroidissement : l'esprit de religiosité caractérisé par des dogmes et des règles purement humains, l'absence du Saint-Esprit[8], le manque de vie, d'amour et de chaleur humaine, les scandales qui ont frappé l'Église catholique romaine, la déception, les dérives sectaires et les guerres de Religion au sein même des communautés chrétiennes qui ont divisé les fidèles.

Les lois de sécularisation ont également influencé le système scolaire en redéfinissant le rôle de Dieu dans l'éducation, et en le mettant volontairement de côté. Ce qui semblait au départ être une bonne idée basée sur l'universalité républicaine, a fini par engendrer une société quasi athée, considérant la théorie de l'évolution de Charles Darwin comme étant la vérité absolue et la préférant à toute idée d'un Dieu Créateur.

À la lumière de ces informations, il semble donc logique que cette notion d'une vie sans Dieu ait fini par s'installer et s'enraciner dans les mentalités, et plus particulièrement chez les plus jeunes qui ont grandi et évolué dans un monde incroyant. En effet, un article encore récent du journaliste Clément Solym considère que « deux tiers des jeunes ne croient pas en Dieu. »[9] Tout cela soulève de nombreuses

---

8. Cf. chapitre 5, pour des explications plus approfondies sur la personne du Saint-Esprit.
9. Clément Solym, sur le site de ActuaLitté : https://www.actualitte.com/article/monde-edition/deux-tiers-des-jeunes-ne-croient-pas-en-dieu/11232 (consulté le 15 mars 2016).

questions existentielles, telles que : « Comment croire qu'il puisse y avoir une vie après la mort lorsque l'on ne croit pas en Dieu ? » et « À quoi sert-il de vivre finalement si c'est pour finir dans le néant ? » S'ils amènent la réflexion chez certains et le déni chez d'autres, la mort et le « néant » ne font plus peur, ils sont simplement vus comme un événement naturel de la vie, auquel on ne peut rien changer. D'ailleurs, l'inconscient collectif pense que « de toute façon, on ira tous au paradis », pour reprendre le célèbre tube à succès de Michel Polnareff. Ce titre, devenu un leit-motiv, illustre bien le fait que beaucoup pensent que les portes du ciel, s'il existe, seront grandes ouvertes pour tous. Cette croyance est héritée du catholicisme qui, au Moyen-Âge, enseigna à ses fidèles la notion de purgatoire. Selon cette théorie, il existerait un lieu dans lequel les personnes n'ayant pas accès au paradis auraient une seconde chance en patientant dans un lieu intermédiaire jusqu'à ce que leurs fautes soient expiées. Cette idée sous-entend donc qu'il y aurait éventuellement une seconde chance après la mort physique. Même si cette pensée prédomine dans l'église traditionnelle, elle n'est pas conforme à la Bible. En effet, la Bible est claire à ce sujet, voici ce qu'elle nous dit : « Et comme il est réservé aux hommes de mourir une seule fois, après quoi vient le jugement » (Hébreux 9:27).

• **La France et la pensée humaniste**

La pensée humaniste, née de la Renaissance a largement contribué à écarter l'homme de Dieu. Elle le place au centre de tout et au-dessus de tout. L'homme est devenu son propre Dieu. Elle considère qu'il est intellectuellement capable de se débrouiller seul et de subvenir lui-même à tous ses besoins. Ce changement de mentalité a donc eu pour effet un renversement des priorités de l'homme qui sont de plus en plus centrées sur lui-même.

- **La France et le consumérisme**

Les trente glorieuses ont permis un boom de l'économie, des emplois, des logements, des infrastructures, et des avancées technologiques. Cette époque a permis l'émergence de la classe moyenne qui, grâce à l'accès au crédit bancaire, a pu améliorer considérablement son niveau de vie, en devenant propriétaire de sa maison, de sa voiture, et de tout le confort nécessaire. En 1982, le président François Mitterrand instaure la 5e semaine de congés payés. Dès lors, les familles françaises partent en vacances chaque année et, pour citer Voltaire, elles peuvent enfin affirmer que « tout va pour le mieux dans le meilleur des mondes ». Mais ce qui est révélateur de la nature humaine ici, c'est qu'avec l'amélioration du niveau de vie, est venue la douce illusion que les biens et le confort matériels pouvaient suffire à rendre heureux et à combler l'âme.

Dans la Bible, le roi Salomon, décrit comme l'homme le plus sage que la terre ait porté, et le plus riche à son époque, en a également fait l'expérience. Lui aussi pensait que le travail et les biens matériels pouvaient apporter le bonheur. Pourtant après avoir tout eu, il dit :

> Tout ce que mes yeux avaient désiré, je ne les ai point privés ; je n'ai refusé à mon cœur aucune joie ; car mon cœur prenait plaisir à tout mon

travail, et c'est la part qui m'en est revenue. Puis j'ai considéré tous les ouvrages que mes mains avaient faits, et la peine que j'avais prise à les exécuter ; et voici, tout est vanité et poursuite du vent, et il n'y a aucun avantage à tirer de ce qu'on fait sous le soleil. (Ecclésiaste 2:10-11)

Sa quête du bonheur l'avait conduit à s'offrir tout ce qu'il désirait, sans aucune restriction, mais son constat fut le suivant : « *Tout est vanité et poursuite du vent* ». Sa richesse lui avait certes procuré un certain bonheur, mais celui-ci n'était qu'éphémère et ne pouvait suffire à combler son cœur. Cela nous rappelle qu'hier, comme aujourd'hui, le bilan est toujours le même : les biens matériels ne peuvent pas satisfaire les besoins de l'être humain.

Chapitre 2
Le monde moderne en crise ?

1 – Un monde au bord du précipice

• Des fondations ébranlées

« Le monde va de plus en plus mal ! » Voilà l'une des réflexions que chacun de nous peut se faire en regardant les actualités. Le conflit syrien a eu des conséquences géopolitiques à l'échelle internationale. Les joies et les espoirs qu'avaient suscités le printemps arabe et l'arrestation de plusieurs dictateurs s'amenuisent devant l'état critique de certains pays qui sont devenus pire qu'auparavant. On entend çà et là certaines voix qui commencent même à regretter à demi-mot certains d'entre eux. L'Italie ne sait que faire face aux milliers de migrants qui échouent chaque semaine sur ses plages. La France et l'Allemagne, qui pensaient être à l'abri des vagues migratoires, doivent elles aussi faire face aux migrants Syriens et Afghans qui fuient la guerre pour sauver leur vie. L'Europe semble complètement désarmée face à cet afflux soudain de réfugiés. Sans parler de l'instauration de l'état Islamique, des atrocités et des massacres perpétrés par ses combattants. Et rajouté à tout cela les attaques et menaces terroristes en Europe occidentale.

Le marché de l'emploi n'est pas épargné. Le chômage qui auparavant, ne concernait principalement que les personnes pas ou peu qualifiées, touche désormais tout le monde, sans exception. Devant la dégradation du marché de l'emploi, de l'insécurité et de l'abaissement de la qualité de vie notamment chez les plus jeunes, beaucoup de parents s'inquiètent de l'avenir de leurs enfants, qui sont les premiers concernés par le chômage et la précarité. Avoir un diplôme et une formation n'est désormais plus une garantie pour trouver un emploi stable et correctement rémunéré, sans parler de ceux qui n'ont ni l'un, ni l'autre.

Sur le plan écologique et climatique, les dernières nouvelles ne sont pas très bonnes non plus. Les accords de Kyoto visant à réduire les émissions de gaz à effet de serre ne sont toujours pas respectés. La pollution est tellement élevée dans certaines métropoles, comme Mexico et Pékin, que la santé des habitants est en danger. Le trou dans la couche d'ozone s'accroît, entraînant une augmentation du réchauffement climatique et de la fonte des glaces. Les spécialistes ont noté en 2015 une augmentation de la température globale de la terre de +0,8%. Plusieurs îles de l'océan Pacifique ou de l'océan Indien sont menacées d'être submergées par les eaux et le cas échéant, leur disparition aurait des conséquences sans précédent en termes de déplacement des populations et de crise humanitaire. La déforestation de la forêt amazonienne, véritable poumon de la planète, persiste malgré les mises en garde des organisations écologiques. Enfin, l'utilisation de certains pesticides dans la culture agricole entraîne la pollution d'une partie des sols et des nappes phréatiques.

Face à tout cela, on dirait que la nature aussi semble se révolter contre les mauvais traitements qu'elle subit de l'Homme. Les superlatifs ne manquent pas pour décrire ces catastrophes naturelles inédites.

Ces dernières années ont été marquées par le tsunami de 2004 qui a touché l'Indonésie et la Thaïlande, l'ouragan Katrina en 2005 qui a frappé les côtes américaines à proximité de La Nouvelle Orléans, l'irruption du volcan Eyjafjöll en Islande en 2010, paralysant une bonne partie du trafic aérien européen pendant plusieurs jours. Les tremblements de terre atteignent des magnitudes de plus en plus élevées sur l'échelle de Richter : le séisme en 2010 en Haïti de magnitude 7 dont le bilan dépassa les 200 000 morts, le séisme au Japon en 2011 de magnitude 8,1 et la menace d'explosion de la centrale nucléaire de Fukushima, et tout récemment en avril 2015, le séisme au Népal avec une magnitude de 7,8. Des chiffres record !

Sans parler de la prolifération des épidémies, des virus, et de certaines maladies comme la maladie d'Alzheimer, de Parkinson, et des cancers qui nous concernent tous, nous et nos proches, de près ou de loin. Aujourd'hui encore, le monde doit toujours faire face à la pauvreté, à la malnutrition, à certaines régions privées d'eau potable, à des problèmes d'éducation, etc. Les inégalités s'accroissent, les riches deviennent plus riches, et les pauvres, plus pauvres. La classe moyenne voit son pouvoir d'achat diminuer face à l'augmentation du coût de la vie et des taxes. Les retraités qui n'ont que le minimum retraite pour unique ressource ne sont pas non plus épargnés. D'ailleurs, une nouvelle catégorie de travailleurs est apparue ces dernières années : les travailleurs pauvres. Leur salaire est tellement faible par rapport au coût de la vie qu'il est insuffisant pour couvrir leurs besoins les plus élémentaires. Pour survivre, certains d'entre eux sont contraints de vivre chez des proches ou dans la rue, et se nourrissent auprès des associations caritatives.

• **Une France dépressive**

La France, destination la plus visitée au monde, n'est plus seulement connue pour son patrimoine culturel : ses musées, la Tour Eiffel et son bon vin. Depuis quelques années déjà, elle est réputée pour être l'un des pays où la consommation d'antidépresseurs est la plus importante au monde.

L'OMS (Organisation mondiale de la Santé) estime que 5 à 8% de la population française est touchée par un épisode dépressif chaque année, ce qui représente environ 2 à 3 millions de personnes[1]. Les jeunes ne sont pas non plus épargnés par ce phénomène. La dépression progresse considérablement chez les 18/25 ans, puisqu'elle est la première cause de maladie et le suicide est la 3e cause de mortalité en France. Les experts notent également une forte augmentation des comportements à risque, de la consommation de drogues, d'alcool et ce, chez des individus de plus en plus jeunes. Un article du magazine Le Point paru en mai 2014, titrait : « La dépression, première maladie chez les adolescents ». Voici un extrait de l'article :

> La dépression est la cause numéro un des maladies dans cette classe d'âge (10 à 19 ans),

---

1. Sur le site suivant : http://www.la-depression.org/index.php/comprendre-la-depression/la-depression-en-chiffre (consulté le 15 décembre 2015).

et le suicide est la troisième cause de mortalité. Certaines études montrent que toutes les personnes souffrant de problèmes mentaux ont enregistré les premiers symptômes dès l'âge de 14 ans. Selon l'OMS, si les adolescents étaient traités à temps, cela pourrait prévenir des décès et éviter des «souffrances durant toute une vie». Les experts de l'organisation rappellent que l'adolescence est un moment important dans la vie pour fixer les bases d'une bonne santé dans la vie adulte. En outre, l'OMS note que les trois causes principales des décès des adolescents dans le monde sont «les accidents de la route, le sida et le suicide». En 2012, 1,3 million d'adolescents sont décédés dans le monde[2.]

Le nombre de tentatives de suicide chez les adolescents ne cesse d'augmenter depuis des années. Il s'agit de la troisième cause de mortalité chez les adolescents dans le monde, et la seconde en France. Les causes sont variées : une dégradation de l'estime de soi, les violences familiales, les conflits, le manque de perspectives, etc. Durant cette période de la vie où l'adolescent construit son identité, ses problèmes pèsent un tel poids sur ses épaules que le suicide apparaît pour certains comme une libération, la solution à

---

2. Sur le site de Le Point : http://www.lepoint.fr/sante/la-depression-pre-miere-maladie-chez-les-adolescents-14-05-2014-1822855_40.php (consulté le 20 janvier 2016).

leurs problèmes. Malheureusement, aucun pays occidental n'échappe à ce mal destructeur. Il y a plus de dépressions et de suicides aujourd'hui dans les pays développés que dans les pays pauvres.

Les organisations médicales ne savent plus où donner de la tête face à cette augmentation des cas dépressifs. La plupart du temps, cela est le résultat de blessures et de chocs émotionnels, de découragement, de tristesse, de pensées sombres et négatives, du stress, de l'anxiété et encore et toujours du manque de perspectives. Pour les personnes concernées, le diagnostic et le traitement sont plus complexes parce que les racines sont beaucoup plus profondes. C'est ce que certains appellent « la maladie de l'âme ». La dépression est devenue en France et dans plusieurs pays d'Europe, un problème de santé publique. Peu de personnes font le lien entre le fait de ne pas connaître Dieu, combiné au fait de ne pas connaître son identité en Dieu, ni ce à quoi Il les appelle. En Lui tournant le dos, les hommes ont tenté de le remplacer par leur carrière, leur mariage, leur voiture, leur maison, leurs vacances, leurs loisirs, leurs projets et leurs rêves. La recherche du bonheur a multiplié les besoins artificiels, mais aucun d'eux ne semble être suffisant pour satisfaire les besoins de l'âme. Toutes ces choses ne sont pas mauvaises en soi, mais elles ont toutes un seul point commun : elles sont éphémères. Or, les choses éphémères ne peuvent remplir le vide de l'Homme. Elles lui apportent, il est vrai, un certain plaisir sur le moment qui, cependant, s'amenuise à mesure que les passions ne comblent plus son être. Selon la théorie du consommateur, le consommateur a des besoins illimités (non saturation) tout en ayant une satisfaction décroissante pour chaque augmentation d'une unité de bien de consommation. Cette théorie de microéconomie illustre les propos exposés précédemment. C'est d'ailleurs l'un des maux qui frappent les personnes aisées. Comme elles ont cette possibilité de s'offrir tout ce qu'elles souhaitent, certaines d'entre elles n'ont par conséquent plus aucun rêve à combler. Pour celles à qui cela est déjà arrivé, elles savent que l'argent est bien illusoire face au contentement de l'âme. Le philosophe Blaise Pascal a dit un jour une phrase devenue ô combien célèbre :

> Il y a eu autrefois dans l'homme un véritable bonheur, dont il ne lui reste maintenant que la marque et la trace toute vide et qu'il essaie inutilement de remplir de tout ce qui l'environne, recherchant des choses absentes le secours qu'il n'obtient pas des présentes, mais qui en sont toutes incapables, **parce que ce gouffre infini ne peut être rempli que par un objet infini et immuable, c'est-à-dire que par Dieu même[3].**

Le cœur de l'Homme étant insatiable et tortueux loin de Dieu, cette quête du plaisir et du toujours plus a fini par conduire notre monde au bord du précipice.

---

3. Blaise Pascal - *Souverain bien* 2 (Laf.148, Sel. 181).

2 – Quelle est la solution ?

• Des solutions étatiques inefficaces

Face à cette situation, les hommes politiques sont complètement perdus et dépassés. Ils essayent de colmater les brèches, mais le bateau commence déjà à tanguer. Toutes sortes d'idées, de stratégies, de plans, de réorganisations, de restructurations en tout genre ont été appliqués, mais rien n'y fait. Les modèles économiques, sociaux, financiers, éducatifs, familiaux, législatifs, qui ont permis à plusieurs pays de devenir de grandes nations qui rayonnent dans le monde, sont à bout de souffle, et la plupart des experts considèrent que cela ira de mal en pis.

Le monde est malade, mais ne sachant pas de quelle maladie il souffre, il ignore vers quel spécialiste se tourner. Face à cela, certaines voix s'élèvent et disent : « Si Dieu existe, pourquoi est-ce qu'Il permet tout cela ? » Les mêmes qui, peu de temps auparavant, se moquaient complètement de savoir si Dieu existe ou pas, lui renvoient la paternité de tous les malheurs de la terre, dès lors que leurs certitudes s'effondrent.

La crise du monde moderne est de la responsabilité des Hommes, et non de Dieu. On ne pourrait imputer la responsabilité à Dieu, que l'on a écarté de toutes les sphères de nos vies. Mais ce n'est pas la première fois que l'Homme accuse Dieu. Adam, le premier homme, avait été le tout premier. Lorsque Dieu lui demanda dans le jardin d'Éden : « Est-ce que tu as mangé de l'arbre dont je t'avais défendu ? » Il répondit, en se déresponsabilisant : « La femme que tu as mise auprès de moi m'a donné de l'arbre et j'en ai mangé » (Genèse 3:12). Au lendemain du 11 septembre 2001, les New-Yorkais se sont rués vers les églises. Le choc était tellement effroyable qu'ils avaient besoin de se reconnecter avec Quelqu'un de plus haut et de plus grand qu'eux. Comme un enfant qui court se réfugier en pleurs dans les bras de ses parents, lorsqu'il se blesse. Mais une fois l'émotion passée, les résolutions d'hier sont jetées aux oubliettes, et la vie reprend son cours comme si de rien n'était. De même, après les terribles attentats qui ont frappé Paris le 13 novembre 2015, on a pu voir un peu partout, sur les murs, sur la toile, sur des t-shirts, et dans les médias, le slogan « Pray for Paris ». Dans les moments difficiles, l'Homme a tendance à lever les yeux vers le Ciel.

Du haut des cieux, Dieu voit sa souffrance. Il veut panser les plaies physiques, émotionnelles, psychiques et spirituelles des hommes et des femmes qu'Il a créées à son image. Il rêve que son règne vienne sur la terre comme au ciel. Son règne casse les jougs, brise les chaînes, amène la liberté, répand la paix et la joie, reconstruit les familles, apporte des solutions, guérit les maladies, relève les nations.

« Si seulement les hommes pouvaient tourner les regards vers moi » se dit-Il. Dieu veut intervenir, mais aussi surprenant que cela puisse paraître, Il ne peut se servir d'hommes et de femmes qui Le rejettent pour changer les choses. Sinon, Il violerait les lois et principes qu'Il a Lui-même établis en les créant. Quand Dieu a créé l'Homme, Il lui a donné le libre arbitre, la responsabilité de prendre soin de la terre. L'Homme est maître de sa volonté, de ses choix et de ses actes. C'est à lui d'inviter le Créateur à s'immiscer dans *ses affaires* pour que celui-ci intervienne.

• Et si la solution était entre les mains d'un peuple ? Le peuple de Dieu

Par le passé, Dieu s'est révélé aux hommes et aux femmes, au travers des prophètes, de son Fils Jésus et des apôtres. La Bible dit : « À bien des reprises et de bien des manières, Dieu a parlé autrefois à nos ancêtres par les prophètes. Et maintenant, dans ces jours qui sont les derniers, c'est par son Fils qu'il nous a parlé. »[4] (Hébreux 1:1). L'Église primitive a permis la propagation de l'évangile partout dans le monde, et au cours des siècles, plusieurs grandes vagues spirituelles ont permis de révéler au monde l'existence et la gloire de Dieu, de la rendre visible, palpable.

Le mouvement Pentecôtiste a connu une véritable expansion depuis sa création au début du XXe siècle. La raison à cela est l'importance que les fidèles accordent à la Bible et au rôle du Saint-Esprit. Le Saint-Esprit œuvre dans ces églises comme au temps du livre des Actes des Apôtres, en convainquant de péché et de repentance, en manifestant les dons du Saint-Esprit, et aussi par des signes, des miracles et des guérisons qui révèlent le Royaume de Dieu sur Terre.

Le pasteur Tony Cauchi de Revival Library a étudié les différents réveils qui ont touché le monde à partir des recherches effectuées par le théologien J. Edwin Orr. Ce professeur en théologie a relevé six vagues principales de réveil dans le monde entier depuis la Réforme protestante[5]

---

4. Texte de la version Semeur.
5. Il s'agit d'un mouvement initié par quelques théologiens tels que Martin Luther, Ulrich Zwingli ou encore Martin Bruce ou Jean Calvin. Il a commencé au début du 15e siècle et ce, jusqu'au 16e siècle dans le but d'amorcer un retour aux sources du christianisme et aussi, par extension, un besoin de considérer la religion et la vie sociale d'une autre manière.

jusqu'au début du 20ᵉ siècle, chacune débutant respectivement en 1727, 1792, 1830, 1857,1882 et 1904. Tony Cauchi écrit : « Ces périodes progressives de réveil sont incontestablement les moyens que Dieu a utilisés pour contrecarrer le déclin spirituel dans l'Église et pour promouvoir une avancée spirituelle dans le monde. »[6] Le réveil se caractérise par une présence et une action du Saint-Esprit de plus en plus puissante, visible et palpable. Les hommes et les femmes sont alors convaincus de péché et de repentance. Les guérisons physiques, émotionnelles et spirituelles, ainsi que les signes et les miracles sont de plus en plus nombreux et extraordinaires. Le réveil pénètre alors les foyers, les villages et les villes. Le dernier grand réveil a débuté en 1904 et s'est accru en 1906, à Los Angeles dans la rue d'Azusa (Azusa Street). De ce réveil est né le mouvement Pentecôtiste, qui a pris de l'ampleur au fil des années, et s'est étendu au monde entier, notamment grâce aux missionnaires. C'est de ce réveil que sont issues les églises Protestantes Pentecôtistes de France.

On dénombre aujourd'hui plus de 500 millions de croyants pentecôtistes dans le monde, et environ 900 000 en France. Plusieurs signes et prophéties provenant d'un peu partout dans le monde, indiquent que Dieu a marqué ce temps et cette époque pour de nouveau se révéler puissamment au monde. Même si cela n'est pas relayé dans les médias conventionnels, un peu partout dans le monde, on assiste à des événements miraculeux qui relèvent clairement de l'intervention divine : des témoignages de personnes mortes qui ont été ressuscitées, des cancers miraculeusement guéris, des personnes dépressives qui retrouvent

---

6. Sur le site de «Revival Library» : http://www.revival-library.org/index.php/pensketches-menu/historical-revivals/general-overview-of-revivals (consulté le 29 décembre 2015).

une paix intérieure, des toxicomanes qui sont délivrés de leurs addictions, des foyers déstructurés qui sont restaurés, des hommes et des femmes qui trouvent un sens à leur vie…, etc. Le pasteur Ché Ahn de l'église Harvest Church à Pasadena, raconte dans son livre *When Heaven Comes Down* la chose suivante :

> De partout dans le monde, je reçois des témoignages de la puissance de Dieu ramenant des personnes de la mort à la vie. Rolland et Heidi Baker, fondateurs d'Iris Ministries, ont vu plus de 80 personnes ressuscitées des morts dans leur ministère en Afrique, en Europe et en Asie[7].

L'évangéliste Daniel Kolenda, qui participe à d'immenses croisades d'évangélisation en Afrique[8] qui regroupent des centaines de milliers de personnes, voit régulièrement lors de ses meetings, des aveugles recouvrer la vue, des sourds entendre, des muets retrouver l'usage de la parole, des paralytiques marcher, des malformations disparaître, des personnes possédées être délivrées, des déséquilibrés retrouver leur bon sens. Dieu veut maintenant étendre cela à l'ensemble du monde, pour que les gens prennent conscience qu'Il est bel et bien réel. Il veut étendre sa main sur l'Europe, sur la France, afin qu'elles aussi puissent voir et croire. Pour cela, Il a choisi de travailler

---

7. Ché Ahn : *When Heaven comes down: Experiencing God's glory in your life*, p.67.
8. Croisades d'évangélisation "Africa shall be saved" avec Daniel Kolenda et Reinhard Bonnke.

avec des personnes ordinaires, qui portent en elles une puissance extraordinaire : la puissance du Saint-Esprit. Dieu fait se lever une génération d'hommes et de femmes qui ont le profond désir de voir un changement dans la vie de leur famille, de leurs amis, de leurs voisins et de leur nation. Il commence d'abord par son peuple, c'est-à-dire ceux qui ont fait le choix de le suivre, en suscitant en eux une plus grande soif de Lui et de sa présence. Pour ce faire, Il allume une flamme dans leur cœur, et y dépose un amour pour les gens, un fardeau pour le salut des âmes, et pour ce monde qui se meurt. Son désir n'a toujours pas changé : guérir ceux qui ont le cœur brisé, délivrer les captifs, secourir celui qui est dans le besoin, en un mot : répandre son amour dans le monde. Dieu est souverain, Il pourrait agir par Lui-même, mais Il a choisi de collaborer avec son Église. Quand je parle de l'Église, je ne parle pas de dénominations, de bâtiments, ou de lieux physiques, mais d'hommes et de femmes, jeunes et moins jeunes, touchés par l'amour de Dieu, et qui ont ce désir de le communiquer autour d'eux. Des travailleurs, des étudiants, des entrepreneurs, des artistes et des retraités. Comment cette relation entre le Créateur et l'Homme a-t-elle pris fin ? C'est ce que nous allons voir dans cette seconde partie.

DEUXIÈME PARTIE

Entre Dieu et l'Homme

Chapitre 1
Les premiers Hommes et le plan
de rédemption pour l'humanité

Alors que notre société est secouée par de multiples crises, il est bon de revenir à la genèse de l'humanité afin de se rappeler quel était le plan initial de Dieu pour la terre et ses habitants et comprendre comment, finalement, nous avons fait pour arriver à une époque si bouleversée.

1 – La création du monde

• Le monde physique

> Au commencement, Dieu créa les cieux et la terre. La terre n'était que chaos et vide. Il y avait des ténèbres à la surface de l'abîme et l'Esprit de Dieu planait au-dessus de l'eau. Dieu dit : « Qu'il y ait de la lumière ! » et il y eut de la lumière. (Genèse 1:1 à 3)

Dieu existe de toute éternité. Il n'a ni commencement, ni fin. Il était, est et sera. La Bible l'affirme. La vie humaine est donc infime lorsqu'on la considère par rapport à l'éternité du Créateur. Néanmoins, Il a créé l'Homme et ce n'est ni par besoin ni par manque, mais parce qu'Il a la volonté d'offrir et de partager ce qu'Il possède. Dieu a donc créé à son image cette créature merveilleuse qu'est l'Homme, un être vivant, une œuvre d'art. De cette créature merveilleuse, Il veut en faire son enfant, sa famille spirituelle et lui communiquer son Amour et sa Vie.

C'est ce qui explique ses propos lors de la Création du monde : « Puis Dieu dit : 'Faisons l'homme à notre image, à notre ressemblance !' (…) Dieu créa l'homme à son image, il le créa à l'image de Dieu. Il créa l'homme et la femme » (Genèse 1:26 et 27). Ainsi, toute création résulte d'une inspiration ou d'une représentation de son créateur. Lorsqu'un sculpteur réalise une sculpture, il s'inspire d'une idée, ou d'une image qui est dans son esprit. Ici, Dieu créa l'Homme à partir de Lui, de son image. Il s'inspira donc d'un modèle parfait, Lui-même. L'homme et la femme ont été créés parfaits, sans aucun défaut[1]. Il leur a transmis son caractère, sa personnalité, sa créativité, son esprit de leadership. La filiation entre le Créateur et l'humanité équivaut à la relation entre un père et ses enfants. S'instaure alors une relation paisible basée sur l'amour et la confiance. Cet aspect est très important parce qu'il est aux antipodes de la représentation faussée que certains peuvent avoir aujourd'hui de Dieu. Il est également diamétralement opposé à l'image de terreur ou de père fouettard que l'on peut retrouver dans l'inconscient populaire ou dans certaines religions et croyances.

---

1. Ecclésiaste 7:29 : « Dieu a fait les hommes droits ; mais ils ont cherché beaucoup de détours. »

« L'Éternel Dieu façonna l'homme avec la poussière de la terre. Il insuffla **un souffle de vie** dans ses narines et l'homme devint un être vivant » (Genèse 2:7). D'autres versions comme celle de Darby disent : « L'homme devint une âme vivante. »[2] Ainsi donc, Il créa l'homme à partir de la poussière et *insuffla **un souffle de vie dans ses narines**.* Il reçut à la fois un esprit immatériel ainsi que le souffle physique qui donna vie à son corps. Cette action donna la vie à l'Homme. Dieu, qui est Esprit, créa l'Homme à son image, l'esprit de l'Homme est donc de la même nature que Lui. L'esprit est la partie vitale de l'être humain. Il est le siège de la raison, de l'intelligence et de la volonté[3]. Il entend la voix de Dieu et communique avec Lui, il a accès au monde spirituel, surnaturel.

L'être humain est un être vivant tripartite, constitué d'un esprit, d'une âme et d'un corps (cf. Figure 1-A). Au commencement, l'Homme était en communion avec Dieu dans son âme, dans son esprit et dans son corps. Ses pensées, sa volonté et ses émotions étaient en parfaite harmonie avec Dieu. Il vivait la vie à laquelle Dieu l'avait destiné.

---

2. Version Darby.
3. Sur le site de « Pasteurweb » : http://www.pasteurweb.org/Etudes/
LEtreHumain/LEtreHumainEspritAmeCorps.htm (consulté le 15 octobre 2015).

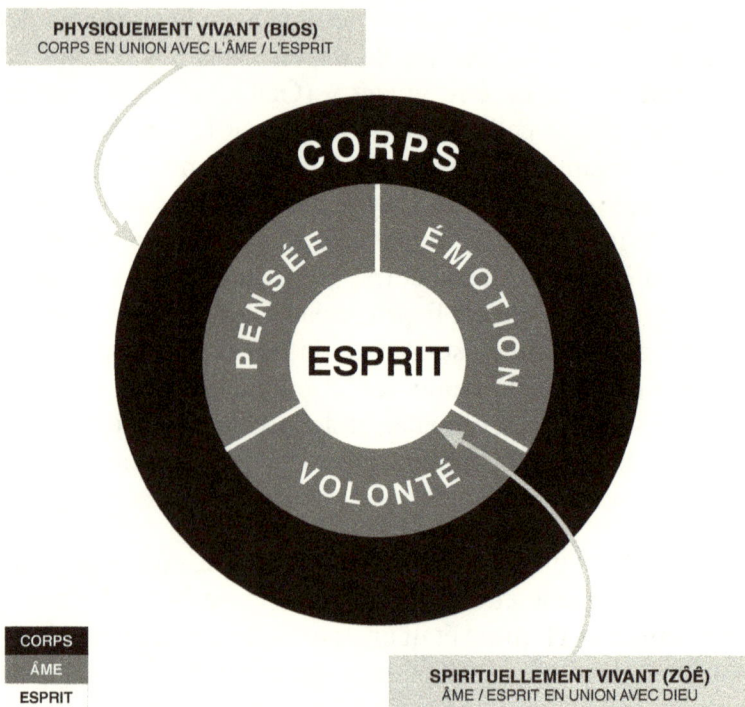

PHYSIQUEMENT VIVANT (BIOS)
CORPS EN UNION AVEC L'ÂME / L'ESPRIT

CORPS

PENSÉE

ÉMOTION

ESPRIT

VOLONTÉ

CORPS
ÂME
ESPRIT

SPIRITUELLEMENT VIVANT (ZÔÊ)
ÂME / ESPRIT EN UNION AVEC DIEU

Figure 1-A[4]

L'esprit ne meurt pas, il est immortel. Lorsque la mort survient, quelle qu'en soit la cause, accidentelle ou naturelle, le souffle de vie quitte alors le corps et l'esprit va auprès de Dieu si l'individu avait fait le choix de le suivre ou bien en enfer dans le cas inverse.

L'âme est le siège des pensées, des émotions et de la volonté. Les pensées dominantes que nous nourrissons régulièrement ont indéniablement un effet sur notre caractère et notre personnalité, comme nous le rappelle si bien ce

---

4. Source : Neil T. Anderson *Victory over darkness*, p. 29.

proverbe du roi Salomon : « Car il [l'Homme] est comme les pensées de son âme » (Proverbes 23:7). La personnalité d'un individu est en quelque sorte le reflet des pensées qui le dominent le plus. Imaginez par exemple une personne qui entretient constamment de mauvaises pensées. Au bout d'un certain temps, cela finira inéluctablement par affecter négativement son humeur, son caractère, et donc sa personnalité. Elle aura tendance à avoir un caractère ombrageux, verra le mal partout, et sera connue des autres comme étant une personne dont il est préférable d'éviter de croiser le chemin, surtout si vous aviez prévu de passer une belle journée loin de tout pessimisme.

En revanche, la personne qui nourrit des pensées positives est généralement en bonne santé émotionnelle, elle est connue pour être joviale et avenante. L'âme fait le lien entre l'esprit et le corps (cf. Figure 1-A). Si on utilise un langage informatique, on peut dire qu'elle réceptionne les informations venant de l'esprit, les traite et les rend intelligibles pour notre conscience, et dans certains cas, les transmet au corps. L'âme est à la fois le processeur et le disque dur. Elle garde en mémoire les événements. Elle est le centre, le cœur, la tour de contrôle de tout l'être. Lorsque votre âme est en paix, tout votre être est apaisé. Lorsque votre âme est inquiète, l'anxiété se propage dans votre corps. D'où l'importance de nourrir son âme avec de bonnes choses. Nous verrons cela plus en détail dans les prochains chapitres.

Le corps, quant à lui, est l'enveloppe qui nous permet de vivre dans ce monde physique. Il est en contact avec le monde matériel et envoie des informations à l'âme au travers de ses cinq sens : l'ouïe, l'odorat, le toucher, la vue

et le goût. On voit donc que l'esprit relève du monde spirituel, le corps du monde physique, et que l'âme fait le lien
entre les deux.

• **Le monde spirituel**

On a très peu d'éléments concernant le monde spirituel,
hormis ce qui est inscrit dans la Bible. Il existe également
d'autres sources, détenues par certains milieux occultes,
mais cela est souvent tellement obscur, que nous nous
contenterons de la Parole de Dieu, car elle est la seule doc-
trine sur le monde spirituel faisant autorité. La Bible nous
enseigne qu'il existe deux mondes : le monde visible et
le monde invisible, autrement dit le monde matériel et le
monde surnaturel ou spirituel.

Les cieux ont été créés avant la terre. Le livre de la
Genèse commence par la phrase suivante : « Au commencement, Dieu créa **les cieux** et **la terre** » (Genèse 1:1). Il
peut paraître surprenant que la Bible ne dise pas « *Dieu
créa le ciel* », mais plutôt « *Dieu créa les cieux* ». L'apôtre
Paul nous donne l'explication de ce pluriel dans le second
livre aux Corinthiens. Voici ce qu'il dit :

> Je connais un homme en
> Christ qui, il y a 14 ans, **a été
> enlevé jusqu'au troisième
> ciel**. Était-ce dans son corps ou
> à l'extérieur de son corps, je
> l'ignore, mais Dieu le sait.

> Et je sais que cet homme
> – était-ce dans son corps ou
> à l'extérieur de son corps, je

l'ignore, mais Dieu le sait –
a été enlevé au paradis et a
entendu des paroles inexpri-
mables qu'il n'est pas permis à
un homme de redire. (2 Corinthiens 12:2 à 4)

Plusieurs théologiens s'accordent à dire que le premier ciel correspond à l'atmosphère dans laquelle nous vivons, et que le deuxième ciel correspond à l'univers, avec les étoiles et les planètes[5]. Le troisième ciel est l'endroit où se trouvent le trône de Dieu et les anges. Le trône de Dieu est en dehors du temps et de l'espace. Il est en dehors de toute réalité humaine[6]. Il n'a ni commencement ni fin, Il est éternel. Cette notion est difficile à appréhender pour ceux qui veulent absolument attribuer des limites et des explications à tout ce qui les entoure. Les anges déchus (les démons) sont quant à eux dans le deuxième ciel, et sur la terre. Le monde spirituel se compose du trône de Dieu, des êtres célestes et des anges.

De la même manière qu'il y a une hiérarchie dans le monde naturel, il existe une hiérarchie dans le monde spirituel. On voit qu'il existe les trônes, les dignités, les dominations, les autorités, et les anges, qui correspondent à des niveaux hiérarchiques angéliques. « Car en Lui [en Jésus] ont été créées toutes les choses **qui sont dans les cieux** et **sur la terre**, **les visibles** et **les invisibles**, trônes, dignités, dominations, autorités » (Colossiens 1:16). Nous verrons plus tard que tout pouvoir dans les cieux et sur la terre a été donné à Jésus, le Fils de Dieu[7]. Les anges res-

---

5. Olivier Derain : Cours IBEM, « Le monde invisible » (Cours n°2).
6. Elme-Marie Caro : *L'Idée de Dieu et ses nouveaux critiques*, Hachette, 1864 (1re éd.), 2e éd. 2007, p. 396.
7. Matthieu 28:18.

pectent également une hiérarchie : Les séraphins, les chérubins, les archanges et les anges. Chaque ange a un rôle bien spécifique en fonction de sa position. Les anges sont les plus proches des hommes, puis il y a les archanges. Le mot archange vient des mots grecs *archo* et *aggelos* ; *archo* qui signifie chef et *aggelos* qui signifie ange, les archanges sont donc les chefs des anges. Au-dessus, on trouve les anges les plus proches de Dieu, les chérubins et les séraphins qui sont proches du trône de Dieu. Les anges sont des esprits au service de Dieu, envoyés pour exercer un ministère en faveur de ceux qui vont hériter du salut[8]. Les anges ont donc pour mission de protéger, de servir et d'aider les enfants de Dieu dans l'accomplissement de leur mission sur terre. Ils veillent également sur la vie des personnes qui ne connaissent pas encore Dieu, mais qui se tourneront vers Lui le moment venu. En sachant cela, peut-être réalisez-vous maintenant qu'à certains moments de votre vie, des anges ont pu intervenir pour vous porter secours. J'ai d'ailleurs vécu une expérience de ce type il y a de cela une dizaine d'années maintenant. Pourtant, à cette époque, je n'étais pas encore chrétien. J'étais avec des amis, et nous rentrions en voiture du Mondial, une discothèque dans laquelle nous étions allés aux Pays-Bas. La soirée s'était terminée à 05h00 du matin, et nous étions repartis directement à Paris, sans nous reposer. J'étais au volant, et au bout d'une heure de route, la fatigue aidant, je m'assoupis au volant, et me mis à rêver. Dans mon « rêve », je me voyais en train de conduire, et je voyais que nous nous approchions d'un poids lourd juste en face de moi. Alors que je m'approchai très près du camion, je sursautai de panique et me réveillai. Au même instant, l'ami qui était à mes côtés et qui me voyait piquer du nez m'interpella.

---

8. Hébreux 1:14.

Alors que j'ouvris les yeux, je vis devant moi exactement le même camion que celui qui était dans mon rêve… Vu la vitesse à laquelle nous roulions, je n'aurais certainement pas pu être présent aujourd'hui pour vous raconter cette histoire, si je n'avais pas eu cette vision.

Je ne m'en étais pas rendu compte à l'époque, et j'avais mis ça sur le compte de la chance, mais aujourd'hui, avec le recul, je suis persuadé qu'un ange de Dieu est intervenu.

• Le Diable

Les Écritures nous enseignent qu'un beau jour, Lucifer, qui était un ange au service de Dieu, s'est révolté contre l'autorité de Dieu. C'était un chérubin protecteur, un ange proche du Trône de Dieu. Son nom Lucifer signifie « astre de lumière ». Contrairement aux idées populaires, dans lesquelles on aime le représenter avec deux cornes et une fourche, Lucifer était en réalité un être extrêmement beau. C'est d'ailleurs à cause de sa beauté, de l'autorité et du pouvoir que Dieu lui avait confiés, qu'il s'enorgueillit et tenta de prendre son Trône. Le prophète Ézéchiel nous raconte comment tout cela s'est passé :

> Tu [le Diable] étais un chérubin protecteur, aux ailes déployées. Je t'avais installé, et tu y étais, sur la sainte montagne de Dieu, tu marchais au milieu des pierres étincelantes. Tu as été intègre dans ta conduite depuis le jour où tu as été créé, et ce jusqu'à ce qu'on trouve de l'injustice chez toi. À cause de la grandeur de

ton commerce, tu as été rempli de violence et tu as péché. Je te précipite de la montagne de Dieu et je te fais disparaître, chérubin protecteur, du milieu des pierres étincelantes. Ton cœur s'est enorgueilli à cause de ta beauté, tu as corrompu ta sagesse à cause de ta splendeur. Je te jette par terre, je te livre en spectacle aux rois. (Ézéchiel 28:14 à 17)

À cause de son orgueil et de son péché, il perdit son statut de chérubin, et Dieu l'éjecta du ciel. Son nom, Lucifer, fut changé en celui de « Diable », ce qui signifie *calomniateur*, et en Satan, qui signifie *adversaire, ennemi*.

Il entraîna dans sa chute un tiers des anges[9] et établit son Royaume dans le 1er et 2e ciel, pour former ce que l'on appelle le royaume des ténèbres. Son objectif principal est de détruire la création de Dieu. Nous verrons un peu plus loin, qu'en trompant Adam et Ève, il réussit à récupérer la gouvernance de la Terre. En effet, en obéissant au Diable plutôt qu'à Dieu, Adam et Ève se sont mis sous sa coupe, comme nous l'explique ce verset de l'apôtre Paul :

Ne savez-vous pas qu'en vous livrant à quelqu'un comme esclaves pour lui obéir, **vous êtes esclaves de celui à qui vous obéissez**, soit du

---

9. Apocalypse 12:4.

péché qui conduit à la mort, soit
de l'obéissance qui conduit à la
justice ? (Romain 6:16)

D'une manière générale, les gens qui ne croient pas en
Dieu, ne croient pas non plus au Diable, et c'est d'ailleurs
en cela qu'il tire une partie de sa force, en laissant croire
qu'il n'existe pas, et en agissant ainsi de manière dissimu-
lée. Pourtant, certains actes accomplis par l'Homme sont
tellement fous et inhumains, que même une personne qui
ne croit en rien, a parfois le sentiment qu'il y a comme des
forces obscures qui agissent sur certains individus, au point
de les pousser à commettre certaines atrocités.

2 – Le rôle de l'homme et de la femme sur terre

Dieu dit : « Qu'il y ait de
la lumière ! » et il y eut de
la lumière. Dieu vit que la
lumière était bonne, et il sépara
la lumière des ténèbres. Dieu
appela la lumière jour, et les
ténèbres nuit. Il y eut un soir
et il y eut un matin. Ce fut le
premier jour. Dieu dit : « Qu'il
y ait une étendue entre les
eaux pour les séparer les unes
des autres ! » Dieu fit l'étendue et sépara ainsi l'eau qui
est au-dessous de l'étendue de
celle qui est au-dessus. Cela se
passa ainsi. Dieu appela l'étendue ciel. Il y eut un soir et il
y eut un matin. Ce fut le deuxième jour. (Genèse 1:3 à 8)

Lorsque l'on prend le temps de réfléchir aux différentes étapes de la création, on remarque que rien n'a été laissé au hasard, mais que tout a été créé dans un ordre et une chronologie bien précis. Chaque élément de la création a un rôle bien défini et obéit à une fonction qui lui est propre. La science est capable aujourd'hui d'expliquer comment certains éléments de la création fonctionnent, mais elle ne sait pas toujours en expliquer le pourquoi. Or, les Écritures nous apprennent que le Créateur a créé le cadre de vie, la nuit et le jour, la nature et tous ses éléments, et les a disposés afin qu'ils soient au service de l'Homme. De la même manière que des parents préparent une chambre pour la venue de leur enfant, Dieu a préparé la Terre pour y accueillir l'homme et la femme. C'est dans cette continuité qu'Il les crée et leur attribue à chacun un rôle dans cet immense univers. Il leur dit « vous serez les gestionnaires de la terre » :

> Qu'il *domine* sur les poissons de la mer, sur les oiseaux du ciel, sur le bétail, sur toute la terre et sur tous les reptiles qui rampent sur la terre. (…) *Reproduisez-vous*, devenez nombreux, *remplissez* la terre et soumettez-la ! *Dominez* sur les poissons de la mer, sur les oiseaux du ciel et sur tout animal qui se déplace sur la terre ! (Genèse 1:26 à 28)

Après avoir préparé l'environnement idéal pour Adam et Ève, Il leur donna la responsabilité de s'en occuper. L'ordre de **soumettre la terre** correspond au fait d'établir et d'étendre le Royaume de Dieu sur terre.

Le mot hébreu pour dominer est « *radah* », ce qui signifie également « gouverner », « régner en souverain », « assujettir ». Adam et Ève ont donc tous les deux la responsabilité de prendre soin de l'environnement. Dans ce passage, on peut relever que les instructions qui leur sont données sont de se reproduire, de remplir la terre (instauration de la famille) et **de régner**. Fait étonnant, à aucun moment on ne voit qu'Il leur explique comment procéder alors que ce sont les tout premiers êtres humains sur terre. On verra plus tard que lorsque Dieu donne une responsabilité, Il donne également les capacités qui vont avec. Et c'est en déployant ses capacités en accord avec la volonté de Dieu que l'Homme honore son Créateur et se sent pleinement épanoui.

• **L'Homme après la chute**

> L'Éternel Dieu donna cet ordre à l'homme : « Tu pourras manger les fruits de tous les arbres du jardin, mais tu ne mangeras pas le fruit de l'arbre de la connaissance du bien et du mal, car le jour où tu en mangeras, tu mourras, c'est certain. (Genèse 2:16)

Adam et Ève étaient au milieu du jardin d'Éden et en parfaite communion avec Dieu. Le mot Éden signifie en hébreu : plaisir et délice.

Le jardin d'Éden ne représente donc pas uniquement un lieu physique (qui d'après les théologiens se situait en Mésopotamie, c'est-à-dire l'Irak actuel), mais également l'atmosphère divine, la relation privilégiée qu'ils avaient avec Dieu. Ils avaient le droit de manger de tous les fruits des arbres du jardin sauf ceux d'un arbre bien particulier : l'arbre de la connaissance du bien et du mal. Le Diable les séduisit, en leur disant : « Dieu a-t-il vraiment dit que vous ne mangerez pas de tous les arbres du jardin ? » (Genèse 3:1). Au travers de cette simple question, Il remettait en cause la Parole, l'honnêteté et la sainteté de Dieu en insinuant, « Il ne veut pas que vous soyez comme Lui, des dieux. » Curieux et séduits par les arguments que le serpent (le Diable) leur présenta, ils désobéirent et transgressèrent l'ordre divin en mangeant du fruit défendu dans l'espoir d'être comme Dieu. Ce qu'ils ignoraient, c'est que leur position privilégiée d'enfant de Dieu faisait déjà d'eux des *dieux* sur terre. Le roi David écrivit dans l'un de ses psaumes : « J'avais dit : **'Vous êtes des dieux, vous êtes tous des fils du Très Haut'** » (Psaumes 82:6). Cet acte de désobéissance équivaut à un acte de défiance vis-à-vis de Dieu parce qu'en agissant ainsi, ils montrèrent qu'ils croyaient vraiment que Dieu avait pu leur mentir. Leur conduite eut deux conséquences fatales pour eux et pour toute l'humanité :

- La mort physique

- La mort spirituelle

- **La mort physique**

Dans les sociétés occidentales, les progrès médicaux ont permis de prolonger la durée de vie jusqu'en moyenne 78 ans pour les hommes et 84 ans pour les femmes. Malgré toutes les méthodes utilisées pour retarder le vieillissement, rien n'y fait, la mort est un passage obligé pour chaque individu. L'attitude de chacun face à la mort dépend donc de ses convictions personnelles.

Les personnes **athées** nient l'existence de Dieu, et soutiennent que la vie s'arrête après la mort. Pour elles, il n'existe plus rien au-delà. Beaucoup profitent donc du temps présent sur terre, en mettant de côté, dans un coin de leur tête, toute question existentielle. Cette « *croyance* » pousse d'ailleurs pas mal d'entre eux à profiter à fond de la vie en brûlant la chandelle par les deux bouts. Cette manière d'envisager la vie nous rappelle la célèbre locution latine du poète Horace : « Carpe Diem ! Cueille le jour présent sans te soucier du lendemain ». Néanmoins, au crépuscule de la vie, certains doutes et certaines questions ne manquent pas de remonter à la surface.

Les personnes **croyantes** savent qu'il y a une vie après la mort. Le fait de croire leur ouvre une perspective sur l'éternité, même si l'idée qu'elles peuvent avoir de l'au-delà et du moyen pour y parvenir diffère selon les individus et les religions. Dans la Bible, Jésus s'est présenté comme étant le seul chemin qui conduit au ciel :

> **C'est moi qui suis la porte.** Si quelqu'un entre par moi, il sera sauvé ; il entrera et sortira, et il trouvera de quoi se nourrir. Le voleur ne vient que pour voler, égorger et détruire ; moi, **je suis venu afin que les brebis aient la vie et qu'elles l'aient en abondance.** Je suis le bon berger. Le bon berger donne sa vie pour ses brebis. (Jean 10:9 à 11)

- **La mort spirituelle ?**

En désobéissant à Dieu, Adam et Ève cassèrent le lien et la relation privilégiée qu'ils avaient avec Dieu. Cet acte détruisit la confiance et l'harmonie qui régnaient dans le jardin, et ouvra la porte au péché qui entra dans leur vie et les éloigna de leur Créateur. Le péché se caractérise par le fait de désobéir à Dieu en vivant hors du cadre qu'Il a préparé et établi pour l'Homme. Il a établi un cadre bon et parfait dans lequel règnent la paix et la joie[10]. Un cadre dans lequel chaque être humain s'accomplit pleinement en devenant la personne qu'il doit être au travers de sa communion avec Dieu. Le mot hébreu pour péché est « *chatta'th* », ce qui signifie ***manquer la cible***, eu égard aux bonnes prescriptions établies par Dieu. À chaque fois qu'un individu pèche, il s'éloigne de la volonté et du plan parfait de Dieu pour sa vie. Et il n'a pas fallu attendre longtemps pour voir les conséquences du péché dans le cœur des hommes. Il suffit simplement de regarder la vie des deux fils d'Adam et Ève, Caïn et Abel. Caïn était jaloux parce que son frère Abel avait offert une meilleure offrande que lui à l'Éternel. La jalousie le poussa jusqu'au meurtre :

> Au bout de quelque temps, Caïn fit une offrande des produits de la terre à l'Éternel.
> De son côté, Abel en fit une des premiers-nés de son troupeau et de leur graisse. L'Éternel porta un regard favorable sur Abel et sur son offrande, mais pas sur Caïn et sur son offrande. Caïn

---

10. Romain 14:17 : « En effet, le Royaume de Dieu, ce n'est pas le manger et le boire, mais la justice, la paix et la joie, par le Saint-Esprit. »

fut très irrité et il arbora un air sombre. L'Éternel dit à Caïn : « Pourquoi es-tu irrité et pourquoi arbores-tu un air sombre ? Certainement, si tu agis bien, tu te relèveras. **Si en revanche tu agis mal, le péché est couché à la porte et ses désirs se portent vers toi, mais c'est à toi de dominer sur lui.** (Genèse 4:3 à 7)

Au lieu de se ressaisir, Caïn dit à son frère Abel : « Allons dans les champs » et, alors qu'ils étaient dans les champs, **il se jeta sur lui et le tua** (Genèse 4:3 à 8).

Par leur acte de désobéissance, Adam et Ève ont contaminé toute l'humanité. Leur descendance a hérité, bien malgré elle, de la malédiction du péché. Éloigné de Dieu, l'Homme se retrouve soumis à ses émotions, à ses désirs, à ses envies, à ses pulsions. Le péché fait naître dans le cœur de l'Homme de la colère, de la haine, de l'agressivité, de l'amertume, de l'animosité, de la jalousie, de la rancœur, de la vengeance, de la cupidité, de l'anxiété, de l'angoisse, etc. Combien de personnes meurent chaque année des dégâts de l'alcool, de la drogue, de la malbouffe (2e cause de mortalité aux États-Unis), du VIH, de la folie d'un chauffard sur la route, d'un règlement de comptes, d'un viol, d'un jeu stupide, d'un coup de colère, d'un meurtre, d'une maladie liée à toutes sortes d'excès en tous genres ? Combien de couples qui se sont juré de s'aimer pour le meilleur et pour le pire, sont devenus aujourd'hui les pires ennemis au monde ? Le péché agit comme une puissance dans le corps de l'Homme et le pousse à accomplir ou à dire des choses qu'il regrette parfois aussitôt. Malheureusement, cette force est plus puissante que lui. C'est ce qu'explique l'apôtre Paul alors que lui aussi devait faire face au péché dans sa vie :

> Ce qui est bon, je le sais, n'habite pas en moi, c'est-à-dire dans ma chair : j'ai la volonté, mais non le pouvoir de faire le bien. **Car je ne fais pas le bien que je veux, et je fais le mal que je ne veux pas. Et si je fais ce que je ne veux pas, ce n'est plus moi qui le fais, c'est le péché qui habite en moi.** Je trouve donc en moi cette loi : quand je veux faire le bien, le mal est attaché à moi. Car je prends plaisir à la loi de Dieu, selon l'homme intérieur ; mais je vois dans mes membres une autre loi, qui lutte contre la loi de mon entendement, et qui me rend captif de la loi du péché, qui est dans mes membres. Misérable que je suis ! Qui me délivrera de ce corps de mort ? (Romains 7:15 à 24)

Ce verset nous aide à mieux comprendre comment le mal a fini par se répandre petit à petit dans nos cœurs, jusqu'à se propager à l'ensemble des sociétés. Il est d'ailleurs tellement bien enraciné que certains comportements auparavant considérés comme mauvais sont désormais jugés comme étant bons, et d'autres bons comportements, comme étant mauvais. Pourtant, Dieu a inscrit les notions de bien et de mal dans le cœur de chaque individu, de sorte que sa conscience le rappelle sans cesse à l'ordre lorsqu'il commet quelque chose de mal. Les anthropologues qui ont observé des sociétés qui n'ont jamais été en contact avec la pensée judéo-chrétienne ont constaté qu'elles aussi avaient ces notions de bien et de mal. Il n'est pas rare de lire aussi dans la rubrique des faits divers, un article sur une personne ayant commis un acte délictueux, et qui s'est livrée elle-même à la police, tant le poids de sa conscience l'accablait. Toutefois, cela est de moins en moins fréquent. À force de répéter constamment les mêmes mauvaises choses, l'âme finit par s'y habituer et à les intégrer comme étant de bonnes choses. Quand cela se produit, la voix de la conscience n'est plus qu'un vague murmure totalement inaudible.

3 – Le plan de rédemption

• **L'omniscience de Dieu**

Dieu étant omniscient, Il savait avant de créer Adam et Ève qu'ils désobéiraient, et entraîneraient l'humanité dans leur chute. Pourtant, même en sachant cela, Il fit quand même le choix de les créer, et de leur donner le libre arbitre, autrement dit la possibilité de décider par eux-mêmes ce qu'ils jugent bon ou pas pour leur vie. Son amour de Père est tel que son souhait n'est certainement pas de créer des êtres serviles, mais des fils et des filles qui ont une volonté et des désirs.

Le plan de rédemption de l'humanité était donc préétabli avant la formation de la terre. En créant l'Homme, Dieu prévit aussi le moyen de le délivrer de la mort du péché, et de la perdition. C'est pourquoi, lorsqu'Il prit connaissance de la désobéissance d'Adam et Ève, Il les informa aussitôt de la manière dont Il les délivrerait du péché : Il enverra **un sauveur**, né d'une femme (donc une personne humaine), qui écrasera la tête du serpent (le Diable), mais celui-ci le blessera au talon (blessures de Jésus à la croix). Il s'agira donc d'un homme de leur descendance. Voici ce qu'Il leur dit :

> Pourquoi as-tu fait cela ? La femme répondit : 'Le serpent m'a trompée et j'en ai mangé.' L'Éternel Dieu dit au serpent : 'Puisque tu as fait cela, tu seras maudit parmi tout le bétail et tous les animaux sauvages. Tu marcheras sur ton ventre et tu mangeras de la poussière tous les jours de ta vie. **Je mettrai l'hostilité entre toi et la femme, entre ta descendance et sa descendance : celle-ci t'écrasera la tête et tu lui blesseras le talon.** (Genèse 3:13 à 15)

Loin de Dieu, Adam et Ève prirent très vite conscience de ce qu'ils venaient de faire, et que leur condition de vie serait totalement changée.

Dieu choisit plus tard un homme, du nom d'Abraham, et de sa descendance sortit une multitude de nations. Abraham engendra Isaac, qui engendra Jacob. Dieu changea le nom de Jacob en celui d'Israël. Il eut douze fils qui formèrent, avec leur descendance, les douze tribus d'Israël. Fidèle à son alliance avec Abraham, il choisit ce peuple pour se révéler au monde, en y envoyant le Messie, le sauveur du monde. C'est ainsi que tout au long de l'Ancien Testament, plusieurs prophètes annoncèrent sa venue, mais aucun d'entre eux ne savait ni le jour, ni l'heure.

Nous allons voir maintenant comment Dieu dans son omniscience avait planifié de sauver l'humanité de la condamnation qui pesait sur elle et le moyen qu'Il a utilisé pour se réconcilier avec sa création.

- **L'absence de Dieu et la condamnation de l'humanité**

Lorsque le temps est venu pour une personne de quitter la terre, son corps redevient poussière, et son esprit a deux destinations possibles : la présence de Dieu ou le séjour des morts dans l'attente du jugement final. Après le jugement, ceux qui ne sont pas trouvés justes aux yeux de Dieu vont en enfer. L'enfer est un lieu qui au départ était réservé au Diable et à ses démons. C'est devenu depuis un lieu de tourments pour les pécheurs, car Dieu qui est Saint ne peut les laisser entrer dans sa présence. La Bible dit à ce sujet : « [Dieu] Tes yeux sont trop purs pour voir le mal, et tu ne peux pas regarder l'iniquité » (Habakuk 1:13).

L'apôtre Pierre écrit également : « Mais, puisque celui qui vous a appelés est saint, vous aussi soyez saints dans toute votre conduite, selon qu'il est écrit : 'Vous serez saints, car je suis saint' » (1 Pierre 1:15). Le pasteur João Martins, qui a travaillé pendant des années auprès des toxicomanes, a dit un jour : « L'enfer n'est pas rempli de pécheurs comme on le pense, mais de personnes qui ont refusé de reconnaître Dieu comme étant leur Père adoptif. » L'enfer ne se caractérise pas uniquement par les flammes ou la chaleur comme on a voulu nous le faire croire depuis des siècles, mais aussi, et surtout par l'absence de la présence de Dieu. S'Il est la Paix, la Vie, et la Lumière, il est donc cohérent que son absence a pour conséquence le tourment, la mort et les ténèbres.

- **Le moyen de rédemption de Dieu pour sauver l'humanité**

Dieu décida donc de libérer les hommes et les femmes de la mort et du péché au travers du sacrifice de son Fils Jésus-Christ. La croix fait partie des événements controversés de l'Histoire. Elle a fait couler beaucoup d'encre, de sang, et a divisé des peuples. Très peu de gens contredisent le fait que Jésus soit venu sur la terre, mais les points de discordance sont le fait qu'Il se dise être le **Fils de Dieu** et que la Bible prétende qu'Il est **ressuscité**. Jésus est venu pour ôter la condamnation qui reposait sur toute l'humanité. Tant que cette condamnation était présente, il était impossible à la création d'être avec Dieu pour l'éternité. Dieu qui est saint et juge de toute chose ne pouvait pas enfreindre sa propre loi en disculpant les hommes pour ce qu'ils avaient commis. Il fallait qu'Il lève la condamnation qui pesait sur l'humanité, autrement dit, il fallait qu'Il délivre sa création qui était dorénavant vouée à la mort éternelle parce qu'elle avait péché en obéissant au Diable plutôt qu'à Lui. Rappelez-vous ce verset que nous avons déjà vu plus haut : « Ne savez-vous pas qu'en vous livrant à quelqu'un comme esclaves pour lui obéir, vous êtes esclaves de celui à qui vous obéissez (…) » (Romain 6:16). Sa création a tellement de valeur à ses yeux, et la condamnation du péché qui pesait sur elle était tellement lourde qu'Il fallait une « *contrepartie* » d'une valeur inestimable, quelqu'un qui paye **le prix de la rançon** à la place de l'Homme, afin de le libérer. La rançon n'était pas à payer au Diable, mais à Dieu Lui-même.

> C'est ainsi que le fils de l'homme est venu, non pour être servi, mais pour servir et **donner sa vie comme la rançon de beaucoup**. (Matthieu 20:28)

Dieu le Fils se proposa lui-même d'aller sur terre. Comme le Diable avait volé la gouvernance de la terre à Adam et Ève, il fallait que ce soit une personne de la même nature qu'eux (donc un homme), qui reprenne ce qu'ils avaient perdu. Dieu le Fils s'est donc incarné en homme pour accomplir parfaitement sa mission. En venant, Il accomplissait ainsi les prophéties qui annonçaient sa venue. L'auteur du livre aux Hébreux nous raconte cet échange entre Lui et le Père :

> C'est pourquoi, en entrant dans le monde, Christ dit : Tu n'as voulu ni sacrifices ni offrandes, **mais tu m'as formé un corps** ; tu n'as accepté ni holocaustes ni sacrifices pour le péché, alors j'ai dit : '**Me voici, je viens** – dans le rouleau du livre il est écrit à mon sujet – **pour faire, ô Dieu, ta volonté**'. (Hébreux 10:5 à 7)

• La réconciliation avec Dieu

Jésus fit donc le choix, en accord avec son Père, de prendre la sentence qui devait tomber sur l'humanité. Cet acte démontre l'amour inconditionnel de Dieu le Père et de Dieu le Fils. Dieu n'a jamais cessé d'aimer sa création, et continue encore aujourd'hui de porter vers elle les regards d'un père vers ses enfants. La Bible dit : « Dieu a tant aimé le monde qu'il a donné **son Fils unique** afin que quiconque croit en lui ne périsse point, mais qu'il ait la vie éternelle » (Jean 3:16). En venant sur terre, Dieu le Fils a quitté son ciel de gloire et s'est abaissé au niveau des hommes[11], en revêtant une enveloppe corporelle. La Bible dit à son sujet : « Car en Lui [Jésus] habite corporellement toute la plénitude de la divinité » (Colossiens 2:9). Malgré le refus des détracteurs de Jésus de croire qu'Il était le Fils de Dieu, ils reconnaissaient néanmoins au travers des œuvres extraordinaires qu'Il faisait, des miracles, des guérisons, et des morts qui ressuscitaient, que la main de Dieu était avec Lui. Il était inenvisageable à leurs yeux que Dieu le Fils vienne parmi eux comme un simple homme, sans apparat, sans richesse et sans gloire. En le tuant, ils ignoraient qu'Ils accomplissaient le dessein du Père : offrir son Fils bien-aimé en sacrifice pour sauver l'humanité. Le prophète Esaïe écrivit 700 ans avant l'arrivée du Messie ce qui allait se passer : « Mais il était blessé pour nos péchés, brisé pour nos iniquités ; Le châtiment qui nous donne la paix est tombé sur lui, et c'est par ses meurtrissures que nous sommes guéris » (Esaïe 53:5).

Jean-Baptiste avait déclaré en le voyant : « Voici l'agneau de Dieu qui ôte le péché du monde » (Jean 1:29). Sa mort ne passa pas inaperçue. Lors de sa crucifixion, il y eut des ténèbres sur toute la surface de la terre de midi jusqu'à 15h00, et lorsqu'Il rendit l'âme, les personnes présentes sur le lieu ne purent que constater qu'effectivement, c'était bien Lui le Fils de Dieu. Matthieu, l'un de ses disciples, relata cet événement :

---

11. Il parle lui-même de la gloire qu'Il avait auparavant auprès du Père :
« Père, glorifie-moi auprès de toi de la gloire que j'avais auprès de toi avant que le monde soit » (Jean 17:5).

Et voici que le voile du temple se déchira en deux depuis le haut jusqu'en bas, la terre trembla, les rochers se fendirent, les tombeaux s'ouvrirent et les corps de plusieurs saints qui étaient morts ressuscitèrent. Étant sortis des tombes, ils entrèrent dans la ville sainte après la résurrection de Jésus et apparurent à un grand nombre de personnes. **À la vue du tremblement de terre et de ce qui venait d'arriver, l'officier romain et ceux qui étaient avec lui pour garder Jésus furent saisis d'une grande frayeur et dirent : 'Cet homme était vraiment le Fils de Dieu'.** (Matthieu 27:51 à 54)

Mais trois jours après sa mort, un événement hors du commun ébranla toute la région. Jésus ressuscita des morts, comme l'avaient annoncé les Écritures. Il apparut à Marie de Magdala, aux disciples et à plus de 500 personnes à la fois[12]. D'autres furent également témoins de sa résurrection. N'ayant commis aucun péché sur terre, le séjour des morts (l'enfer) ne pouvait le garder, car c'est un lieu réservé uniquement aux pécheurs. Au travers de la croix, Dieu a annulé la condamnation qui pesait sur la création. L'apôtre Paul dit : « Il nous a pardonné toutes nos fautes, il

---

12. 1 Corinthiens 15:6.

a effacé l'acte rédigé contre nous qui nous condamnait par ses prescriptions, et il l'a annulé en le clouant à la croix » (Colossiens 2:13 et 14). Un peu plus loin, il rajoute :

> **Il a voulu par Christ tout réconcilier avec lui-même,** aussi bien ce qui est sur la terre que ce qui est dans le ciel, **en faisant la paix à travers lui, par son sang versé sur la croix.** Et vous qui étiez autrefois étrangers et ennemis de Dieu par vos pensées et par vos œuvres mauvaises, il vous a maintenant réconciliés par la mort [de son Fils] dans son corps de chair pour **vous faire paraître devant lui saints, sans défaut et sans reproche.** (Colossiens 1:20 à 22)

Il fallait que le sang de Jésus coule, car Lui seul a le pouvoir de racheter les hommes de la mort et du péché. L'apôtre Jean dit à ce sujet : « Le sang de Jésus nous purifie de tout péché » (1 Jean 1:7), et il ajoute « Il [Jésus] est Lui-même une victime expiatoire pour nos péchés, et non seulement pour les nôtres, mais aussi pour ceux du monde entier » (1 Jean 2:2). Jésus a donné sa vie pour le salut du monde, et Il s'est déclaré Lui-même comme étant la seule porte d'entrée qui mène au Père. Il a dit : « Je suis le chemin, la vérité et la vie, nul ne vient au Père que par moi » (Jean 14:6). De nombreux ouvrages d'excellente qualité ont déjà été rédigés sur le sujet[13]. Par conséquent, mon propos n'est

---

13. L'ouvrage *Jésus, prendre plaisir à le découvrir* (La Maison de la Bible, 2007) de John Piper est un formidable exemple de ce fait.

pas de rentrer dans les détails, mais juste d'expliquer que Dieu le Père a toujours eu ce désir de sauver sa création. L'être humain a du mal à appréhender le fait que Dieu le Fils se soit fait homme, donc de la même nature que nous, et qu'Il ait donné sa vie sur la croix pour **sauver** l'humanité, parce que c'est quelque chose de complètement irrationnel pour l'intellect humain[14]. Pour saisir cette réalité, il est nécessaire de recevoir une révélation du Saint-Esprit. Aujourd'hui encore, le salut est offert à tous, gratuitement, sans aucun mérite. Cela peut sembler incompréhensible pour certains, dans une société où on a pris l'habitude de tout obtenir par le mérite. Le salut n'est pas donné en fonction des œuvres que nous pouvons accomplir, du milieu social, de la couleur de peau, ou de la culture, mais il est simplement accordé par grâce. Le salut est une grâce de Dieu. La grâce est une faveur qu'une personne reçoit, alors qu'elle n'a rien fait pour mériter cela. La Bible ne dit-elle pas : « C'est par la grâce en effet que vous êtes sauvés, par le moyen de la foi. Et cela ne vient pas de vous, c'est le don de Dieu. Ce n'est point par les œuvres afin que personne ne se glorifie. » (Éphésiens 2:8 et 9)

---

14. Nous, nous prêchons Christ crucifié, scandale pour les juifs, et folie pour les païens. (1 Corinthiens 1:23)

Chapitre 2
Un nouveau départ spirituel

1 – La nouvelle naissance

La nouvelle naissance se produit dans la vie d'une personne quand elle réalise qu'elle n'est rien sans Dieu, et qu'elle reconnaît de tout son cœur qu'elle a besoin de Lui pour être libérée de sa condition, et être sauvée. Lorsqu'elle croit que Jésus est le Fils de Dieu, qu'Il est mort sur la croix pour ses péchés, et qu'Il est le seul capable de la sauver. La nouvelle naissance est effective pour toute personne qui confesse de sa bouche qu'elle accepte Jésus-Christ comme son Seigneur et Sauveur, et qu'elle Lui donne accès à sa vie. L'apôtre Paul a dit : « Si tu confesses de ta bouche le Seigneur Jésus, et si tu crois dans ton cœur que Dieu l'a ressuscité des morts, tu seras sauvé » (Romain 10:9). Cette simple prière faite avec un cœur sincère, invite l'Esprit de Dieu à faire sa demeure dans le cœur de la personne qui la déclare. La présence du Saint-Esprit dans sa vie donne vie à son esprit, et l'éveille aux réalités spirituelles. Voici ce que disent les Écritures : « Je vous donnerai un cœur nouveau et je mettrai en vous un esprit nouveau. Je retirerai de votre corps le cœur de pierre et je vous donnerai un cœur de chair » (Ézéchiel 36:26). Son esprit prend alors vie et s'illumine aux choses spirituelles lorsqu'elle reçoit le Saint-Esprit. Cette prise de conscience la pousse à la repentance. Le mot grec utilisé dans la Bible pour repentance est *metanoia*. *Metanoia* signifie : *changement de mentalité, d'intention*. La repentance consiste à reconnaître d'un cœur sincère que l'on était sur la mauvaise voie.

Cette prise de conscience nous pousse à nous réorienter vers un autre chemin, mais pas n'importe lequel : celui qui mène à la vie, à la paix et à la joie de l'âme.

• Les véritables croyants

L'expression « être croyant » a été galvaudée. Beaucoup « croient » avec leur intellect, mais n'ont strictement aucune communion avec Dieu. Le simple fait de croire n'est pas suffisant pour être appelé enfant de Dieu, et être sauvé. L'apôtre Jacques a dit : « Tu crois qu'il y a un seul Dieu, tu fais bien ; les démons le croient aussi, et ils tremblent » (Jacques 2:19). Dieu ne regarde pas aux dénominations (catholique, protestant, évangélique, adventiste, baptiste, etc.). Il reconnaît pour ses enfants ceux qui ont la présence du Saint-Esprit dans leur cœur. L'unique garantie pour le croyant d'hériter de la vie éternelle est donc de s'assurer de la présence du Saint-Esprit en lui.

> En lui vous aussi, après avoir entendu la parole de la vérité, l'Évangile qui vous sauve, en lui vous avez cru et vous avez été marqués de l'empreinte du Saint-Esprit qui avait été promis. **Il est le gage de notre**

héritage en attendant la libération de ceux que Dieu s'est
acquis pour célébrer sa gloire.
(Éphésiens 1:13 à 14)

Comment en être certain ? Le Saint-Esprit atteste à l'esprit du croyant qu'il est fils ou fille de Dieu :

> « **Car tous ceux qui sont conduits par l'Esprit de Dieu sont fils de Dieu**. Et vous n'avez point reçu un esprit de servitude pour être encore dans la crainte, mais vous avez reçu un esprit d'adoption, par lequel nous crions : Abba ! Père ! **L'Esprit Lui-même rend témoignage à notre esprit que nous sommes enfants de Dieu**. » (Romains 8:14 à 16)

2 – Nouvelle identité en Christ

• Changement d'identité

Lorsque l'Esprit de Dieu vient habiter dans le cœur d'une personne, elle devient ce que l'on appelle un **enfant de Dieu**. Elle hérite de la vraie identité que Dieu lui avait attribuée lorsqu'Il l'a créée, et la découverte de cette nouvelle identité, ainsi que des plans et des projets qu'Il lui a préparés, sera l'aventure la plus excitante de sa vie. C'est ce que nous verrons dans la 4e partie du livre intitulée : « La destinée ». Le salut devient son héritage, la peur de la mort s'évanouit, et désormais une nouvelle vie s'offre à elle. Une vie de paix et non de malheur avec un avenir, et de l'espérance.[1]

• Plaisir à lire la Bible

La présence du Saint-Esprit dans la vie d'un homme et d'une femme leur donne plaisir à lire la Bible et à entendre la Parole de Dieu. La Bible qui auparavant apparaissait pour beaucoup comme un simple livre d'histoire, devient petit à petit un livre de révélation, dans lequel ils prennent plaisir à y puiser les mystères de Dieu. Les Saintes Écritures prennent vie, elles répondent à leurs interrogations, les rassurent, fortifient leur foi, les aident à avancer dans la vie, leur révèlent le cœur de Dieu et les connectent à la source de la vie : Jésus-Christ .

• Les mystères cachés dans la Parole de Dieu

« La gloire de Dieu, c'est de cacher les choses ; La gloire des rois, c'est de sonder les choses. » (Proverbes 25:2)

Dieu a caché les mystères aux hommes, mais Il les révèle à ses enfants. Sans le Saint-Esprit, la compréhension de la Parole de Dieu est purement intellectuelle. Elle ne produit ni changement, ni transformation. J'ai eu l'occasion de discuter avec des personnes qui connaissaient la Bible sur le bout des doigts. Elles étaient capables de réciter des versets et de tenir tête à des débatteurs. Mais leur compréhension n'était qu'intellectuelle, elles n'avaient pas reçu la révélation de la Parole. Qui mieux que l'auteur Lui-même peut

---

1. Jérémie 29:11.

vous parler du livre qu'Il a écrit ? Or, « Toute l'Écriture est inspirée de Dieu »[2], soufflée par le Saint-Esprit dans le cœur des apôtres et des prophètes, qui ont simplement retranscrit la pensée de Dieu.

3 – Une vie transformée

- **Abandon des mauvaises habitudes qui vous tenaient captifs**

La nouvelle naissance produit un changement, certains diront même un bouleversement, dans la façon de voir les choses et de voir la vie. Certaines habitudes auxquelles ils étaient attachés leur paraissent à présent futiles, et dénuées d'intérêt. Parallèlement à cela, certaines choses qu'elles faisaient, qu'elles disaient, ou qu'elles regardaient, les mettent désormais mal à l'aise, car leur conscience les rappelle à l'ordre. Un combat intérieur commence alors à prendre place entre leur nouvelle identité qui est en train d'éclore, et l'ancienne qui a été expulsée, mais qui tente de revenir. Pour lui fermer définitivement la porte, il est impératif de changer sa façon de penser et d'agir, en cessant de regarder en arrière, et en se positionnant dans une vie de sanctification (qui consiste à s'éloigner chaque jour davantage de ce qui déplaît à Dieu). Pour certains, ce changement se produit radicalement pour d'autres progressivement, selon le caractère des personnes et leur degré d'acceptation de cette nouvelle vie. Supposons par exemple qu'une personne ait pris l'habitude de frauder dans les transports en commun, de mentir à des clients pour assurer ses ventes, de critiquer son entourage dès qu'il a le dos tourné, etc., sans

---

2. 2 Timothée 3:16.

que personne ne lui fasse aucune remarque, elle sera gênée, elle ressentira comme un malaise à chaque fois qu'elle le fera. Quand cela se produit, c'est bon signe. C'est le résultat manifeste du travail de transformation que le Saint-Esprit opère dans sa vie. Certaines habitudes, ou devrais-je dire certaines addictions, sont beaucoup plus tenaces, parce qu'elles ont triomphé de la volonté et du libre arbitre de l'individu. À chaque fois que ce désir se présente à elle, son pouls s'accélère, elle ressent des pulsions, comme si elle était poussée par une force intérieure. La personne dit elle-même : « Je n'y arrive pas, c'est plus fort que moi ! » Or, « Chacun est esclave de ce qui a triomphé de lui »[3], nous enseigne l'apôtre Pierre. Lorsqu'il s'agit d'addictions, elles ont généralement des effets dans le corps, dans la chair. Le corps s'étant habitué aux effets et au plaisir que lui procure cette addiction, il pousse l'individu à recommencer, encore et encore. Quand la personne en est consciente, c'est déjà une petite victoire, car beaucoup de personnes pensent être maîtresses de leur volonté mais lorsqu'on les observe tout nous montre qu'en réalité elles sont pieds et poings liés par leurs addictions. Les exemples sont nombreux. Il peut s'agir d'une addiction aux médicaments, aux drogues, à l'alcool, à la pornographie, au sexe, à la nourriture, etc.

- **Vaincre le péché grâce à l'assistance du Saint-Esprit**

« Car je ne fais pas le bien que je veux, et je fais le mal que je ne veux pas. Et si je fais ce que je ne veux pas, ce n'est plus moi qui le fais, c'est le péché qui habite en moi. » (Romains 7:19 à 20)

---

3. 2 Pierre 2:19.

Au travers de ces versets, l'apôtre Paul nous montre à quel point il est dur pour l'Homme de lutter contre le péché, car il est enraciné dans le corps humain : « Je ne fais pas le bien que je veux, et je fais le mal que je ne veux pas ». L'enveloppe humaine étant contaminée, l'Homme charnel[4] est dominé par sa chair parce qu'elle contrôle sa volonté et le pousse à faire des choses qui sont plus fortes que lui. Le combat de l'homme et de la femme nés de nouveau prend essentiellement place au niveau de leur âme. Il y a un tiraillement permanent entre leur esprit et leur chair. Plus leur esprit est fort, plus ils dominent leur âme et par conséquent contrôlent leur corps. Pour vaincre le péché, il faut désormais prendre l'habitude de marcher non selon la chair, mais selon l'Esprit. C'est ce que l'apôtre Paul enseigna aux Galates :

> Je dis donc ; marchez selon l'Esprit, et vous n'accomplirez pas les désirs de la chair. Car la chair a des désirs contraires à ceux de l'Esprit, et l'Esprit en a de contraires à ceux de la chair ; ils sont opposés entre eux afin que vous ne fassiez pas ce que vous voudriez. (Galates 5:16 et 17)

• **Que faire ?**

L'une des premières étapes consiste à vouloir être libre. Il peut s'agir d'une addiction, d'un problème de caractère, de blessures passées... La seconde, consiste à admettre que

---

4. C'est-à-dire l'Homme dans lequel le péché habite.

vous ne pouvez pas vous en sortir par vos propres forces, et que vous avez besoin de l'assistance du Saint-Esprit. Enfin, la troisième consiste à casser les habitudes qui se sont enracinées dans votre intelligence, dans votre âme. L'apôtre Paul, qui connaissait bien la nature humaine, écrivit une lettre aux Romains, dans laquelle il leur expliqua l'importance de renouveler leur système de pensée. Il leur dit : « Ne vous conformez pas au monde actuel, **mais soyez transformés par le renouvellement de l'intelligence** afin de discerner quelle est la volonté de Dieu, ce qui est bon, agréable et parfait » (Romains 12:2). Dans la version originale, le mot grec employé pour « transformer » est *metamorphoo* qui signifie : changer dans une autre forme, transformer, être transfiguré, métamorphoser. C'est exactement le même mot qui est utilisé pour décrire le processus, la métamorphose (*metamorphoo*) d'un papillon. La science qualifie d'ailleurs la transformation de la chenille en papillon de métamorphose complète. Cette mutation de la chenille en papillon illustre bien l'image de l'homme pêcheur, appelé à être totalement transformé, à l'image de Christ. La transformation de l'ancien système de pensée fait de tout homme et de toute femme une personne nouvelle en harmonie avec sa nouvelle identité. Tout changement n'est possible qu'au travers du travail du Saint-Esprit dans la vie de chaque croyant, car il est impossible à l'Homme de changer par ses propres forces. Nous allons maintenant voir ensemble qui est le Saint-Esprit et quel est en partie son ministère sur terre.

Chapitre 3
Entre le Saint-Esprit et l'Homme

1 – La Trinité

Dieu se manifeste en trois entités distinctes, c'est la Trinité. De même que nous sommes esprit, âme et corps, Dieu se révèle en trois personnes égales : Dieu le Père, Dieu le Fils, et Dieu le Saint-Esprit.

Le dictionnaire de Théologie de Nicolas Bergier définie le mot « Trinité » de la façon suivante : « L'unité de trois personnes divines, quant à la nature, et leur distinction réelle, quant à la personnalité »[1]. Cette notion de Trinité est un mystère qui n'est pas toujours facile à appréhender, car il n'est pas facile de saisir qu'il n'existe qu'un seul Dieu, révélé en trois personnes. Il faut ajouter que ce terme ne figure pas dans la Bible, mais qu'il a été imaginé pour tenter d'expliquer l'apparente contradiction d'un Dieu unique en trois personnes. On pourrait d'ailleurs parler de « tri unité ». Cela dit, Dieu ne demande pas à l'Homme de

---

1. Nicolas Bergier : *Dictionnaire de Théologie*, 1844, p. 22.

comprendre qui Il est mais de croire ce qu'Il dit qu'Il est. Bien qu'étant tous les trois identiques, de même nature, Ils n'ont pas les mêmes fonctions.

• **Présentation de la Trinité :**

Comme nous venons de le voir, la Bible n'utilise pas directement le mot « Trinité » pour définir ces trois entités, mais l'exprime dans plusieurs versets, notamment dès les premières lignes du livre de la Genèse : « Au commencement **Dieu** créa les cieux et la terre » (Genèse 1:1). Dans ce passage, le mot hébreu utilisé pour Dieu est Élohim, ce qui signifie « dieux » (au pluriel). La traduction française ne nous montre pas cette subtilité de langage, mais c'est lorsque l'on regarde le texte original en hébreu que l'on constate que le premier verset des Écritures ne parle pas uniquement de Dieu le Père, mais de la Trinité. On retrouve une autre utilisation du nom Élohim dans le passage suivant : « Puis **Dieu** dit : 'Faisons l'homme à notre image, à notre ressemblance !' » (Genèse 1:26).

À plusieurs reprises dans la Bible, Dieu utilise également le pronom personnel de la 3ᵉ personne du pluriel « **nous** », pour parler de « **Lui** ». On le voit lorsqu'Il crée l'homme : « Puis **Dieu** dit : '**Faisons** l'homme à **notre** image, à **notre** ressemblance !' » (Genèse 1:26). Voyons maintenant comment se définissent distinctement ces trois personnes.

Le Père existe de toute éternité. Lorsqu'Il se présente à Moïse, Il lui dit : « Je Suis Celui qui 'Suis' » (Exode 3:14). C'est-à-dire, « Je suis l'Éternel ». Le mot hébreu correspondant est « Yehovah » ou « Yahvé ».

Le Fils est le Verbe, la Parole de Dieu : « Au commencement était la Parole, et la Parole était avec Dieu, et la Parole était Dieu » (Jean 1:1). Il est le Créateur des cieux et de la terre : « En Lui [le Fils] ont été créées toutes les choses qui sont dans les cieux et sur la terre, les visibles et les invisibles (…). Tout a été créé par Lui et pour Lui » (Colossiens 1:16). Et comme nous l'avons vu précédemment, le Fils s'est incarné en Jésus-Christ : « Et la Parole a été faite chair, et elle a habité parmi nous, pleine de grâce et de vérité ; et nous avons contemplé sa gloire, une gloire comme la gloire du Fils unique venu du Père » (Jean 1:14).

Le Saint-Esprit est le Consolateur promis par Jésus, l'Esprit de Dieu qui accompagne chaque jour les enfants de Dieu.

Ainsi, chaque personne de La Trinité a un rôle bien défini. Utilisons un exemple simple pour bien comprendre le rôle de chacun. Imaginons la construction d'une maison dans laquelle chaque membre de la Trinité interviendrait à tour de rôle :

- **Dieu le Père** représente l'Autorité, Celui qui a la vision. Pour prendre un terme un peu plus explicite, on pourrait assimiler son rôle à celui d'un « Chef d'entreprise ».

- **Dieu le Fils** crée, planifie, met en forme et transforme la pensée du Père en réalité. Pour utiliser également une autre image, on pourrait assimiler cela à un « Architecte ».

- **Dieu le Saint-Esprit** fait ce que Jésus Lui demande. Il transforme les paroles en actes, Il exécute la tâche, comme une sorte de « Contremaître ».

- **Dieu se présente sous trois formes**

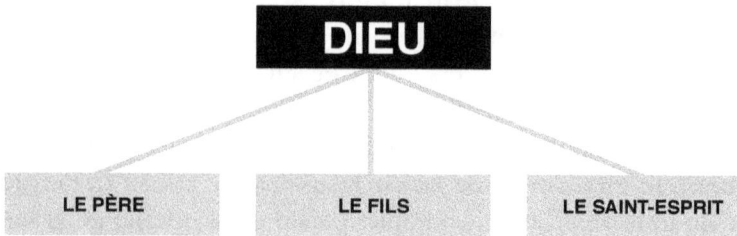

DIEU

LE PÈRE   LE FILS   LE SAINT-ESPRIT

Enfin, pour parfaire votre compréhension, nous pouvons également nous inspirer de l'image de l'eau. **L'eau se présente sous trois formes** : Elle peut être à la fois : liquide, solide et vapeur. Pourtant, quelle que soit sa forme, il s'agit toujours d'eau.

Si la représentation de Dieu le Père et Dieu le Fils est aisée, il en est autrement pour le schéma intellectuel en ce qui concerne la personne du Saint-Esprit. Aussi, pour une meilleure compréhension, nous allons ci-après vous la présenter plus en détails et également ce qu'elle produit en celui qui le reçoit.

2 – La personne du Saint-Esprit

Le Saint-Esprit n'est ni une force, ni une puissance, mais une personne, et c'est la personne la moins connue de la Trinité, même parmi les croyants. Pourtant, quand on regarde attentivement les Écritures, on s'aperçoit que c'est la première personne de la Trinité à apparaître de manière clairement identifiée dès le 2e verset du livre de la Genèse :

> Au commencement, Dieu
> créa le ciel et la terre. La terre
> n'était que chaos et vide. Il y
> avait des ténèbres à la surface
> de l'abîme et **l'Esprit de Dieu
> planait au-dessus de l'eau**.
> (Genèse 1:2)

En allant au ciel, Jésus promit à ses disciples de leur envoyer *un autre consolateur*, qui les accompagnerait tous les jours, jusque dans l'éternité. Il dit :

> J'ai encore beaucoup de
> choses à vous dire, mais vous ne
> pouvez pas les supporter main-
> tenant. Quand **le consolateur
> sera venu**, l'Esprit de la vérité,
> il vous conduira dans toute la
> vérité, car il ne parlera pas de
> lui-même, mais il dira tout ce
> qu'il aura entendu et il vous
> annoncera les choses à venir. Il
> révélera ma gloire parce qu'il
> prendra de ce qui est à moi et
> vous l'annoncera. (Jean 16:12)

Le mot grec pour consolateur est *parakletos*, ce qui signifie : une aide, un avocat, un conseiller. Par méconnaissance, on a tendance à croire que le Saint-Esprit est une puissance ou une force. Or, le Saint-Esprit est une personne divine. Une personne avec des émotions et des sentiments. Plusieurs versets des Saintes Écritures soulignent sa sensibilité : « N'attristez pas le Saint-Esprit » (Éphésiens 4:10). Le Saint-Esprit conseille, enseigne, console, communique la paix, la joie, et la sagesse de Dieu. En envoyant son Esprit, Dieu établit sa demeure dans le cœur de ses enfants, afin d'être en permanence avec eux. L'apôtre Paul dit : « Ne savez-vous pas que vous êtes le temple du Saint-Esprit, et que l'Esprit de Dieu habite en vous ? » (1 Corinthiens 3:16). La présence du Saint-Esprit dans le cœur d'un croyant lui permet d'avoir Dieu en lui, afin d'accomplir ses plans et d'appliquer ses enseignements. Il est important de toujours bien garder à l'esprit que même Jésus, lorsqu'Il était sur terre, accomplissait les signes, les guérisons et les miracles grâce au Saint-Esprit et à son étroite collaboration avec le Père. Il le dit Lui-même :

> En vérité, en vérité, je vous le dis, **le Fils ne peut rien faire de lui-même, sinon ce qu'il voit le Père accomplir**. Tout ce que le Père fait, le Fils aussi le fait pareillement. (Jean 5:19)

> Vous savez comment **Dieu a oint du Saint-Esprit et de force Jésus de Nazareth**, qui allait de lieu en lieu faisant du bien et guérissant tous ceux qui étaient sous l'empire du Diable, car Dieu était avec lui. (Actes 10:38)

Chaque personne de la Trinité travaille en accord et en parfaite harmonie. La révélation des fils et des filles de Dieu n'est possible qu'au travers de la **connaissance** et de la **communion** qu'ils tissent, jour après jour, avec la personne du Saint-Esprit. C'est au travers de cette relation que l'homme et la femme de Dieu sont transformés à l'image de Jésus-Christ et qu'ils sont prompts à manifester son caractère et ses œuvres dans les différentes situations de leur vie. Le Saint-Esprit est donné aux croyants afin d'établir une relation directe avec Dieu. D'où l'aspect très important de communion, car il ne peut y avoir d'amitié sans échanges. L'apôtre Paul acheva sa 2ᵉ épître aux Corinthiens en disant : « Que la grâce du Seigneur Jésus-Christ, l'amour de Dieu, et la **communion** du Saint-Esprit soient avec vous » (2 Corinthiens 13:13). Il insistait sur l'importance d'être « connecté » avec le Saint-Esprit. Chacun d'entre nous rencontre différentes personnes dans la journée, et nos échanges ne sont pas les mêmes selon le degré d'amitié ou d'intimité que nous avons avec elles. On peut dire qu'il existe globalement trois niveaux d'intimité :

- **Niveau 1 : la relation**

  Elle se caractérise par des conversations faciles, sans risque, par **l'échange d'informations**, sans sentiments, opinions ou vulnérabilité personnelle. C'est le type d'interaction que l'on peut avoir avec des personnes que l'on ne connaît pas.

- **Niveau 2 : la communion**

  Il est impossible d'être en communion avec une personne si l'on n'a pas au moins un point commun avec elle. Une personne est en communion avec Dieu lorsqu'elle a des choses en commun avec Lui. Pour cela, il faut qu'elle cesse d'avoir uniquement les regards centrés sur elle-même, sur ses besoins et ses intérêts personnels, mais qu'elle regarde à Dieu, et Lui laisse prendre place dans sa vie. Quand deux entreprises fusionnent, elles ne peuvent garder leur état initial. Elles changent de nom, elles changent de statut juridique. Ainsi en est-il de la communion avec Dieu. La consécration, la foi, l'amour, la sainteté, sont autant de points communs qui permettent d'**établir une communion avec Dieu.**

- **Niveau 3 : l'intimité**

  Quand deux personnes sont unies, elles deviennent intimes, il n'y a plus de secrets entre elles. La communion amène l'intimité, et l'intimité renforce la communion. Dieu révèle ses secrets à ceux qui Lui sont intimes. C'est d'ailleurs ce que nous rappelle ce passage des Écritures :
  « L'amitié de l'Éternel est pour ceux qui le craignent, et son alliance leur donne instruction » (Psaumes 25:14). L'utilisation du verbe « craindre » dans ce verset ne signifie pas « avoir peur », ou « être terrorisé » par Dieu, mais « avoir du respect, de la révérence ».

3 – Le baptême du Saint-Esprit

Juste avant d'être enlevé au ciel, Jésus recommanda à ses disciples de ne pas quitter Jérusalem, mais de rester sur place jusqu'à ce qu'ils reçoivent ce qui avait été promis par le Père : le baptême du Saint-Esprit. En effet, pour que les disciples accomplissent parfaitement la mission qui leur avait été confiée, il était nécessaire aussi pour eux de recevoir le baptême du Saint-Esprit. Quelques jours plus tard, alors qu'ils étaient réunis dans une chambre haute pour prier, le Saint-Esprit descendit sur eux, et ils se mirent tous à parler des langues nouvelles. La particularité du parler en langues est que : « Celui qui parle en langue ne parle pas aux hommes, mais à Dieu, car personne ne le comprend, et c'est en Esprit qu'il dit des mystères » (1 Corinthiens 14:2). Nous verrons un peu plus en détail la signification du parler en langues dans la partie abordant les dons spirituels. À l'instar de l'apôtre Pierre, le baptême du Saint-Esprit amène une transformation immédiate et radicale. Lui qui auparavant avait renié Jésus à trois reprises par crainte des autorités, était capable à présent de se tenir devant une foule et de parler avec hardiesse et assurance. La puissance du Saint-Esprit l'avait affranchi de toutes ses peurs et de toutes ses craintes. Elle l'avait également aidé à surmonter le départ de son maître. Comme nous l'avons vu précédemment, toute personne née de nouveau reçoit le Saint-Esprit **en elle**. En revanche, celle qui est baptisée du Saint-Esprit le voit se poser **sur elle**. Il est important de bien faire la distinction, parce que la présence du Saint-Esprit dans le cœur du croyant est **pour son salut**, tandis que le Saint-Esprit sur lui (ce qui se traduit par un revêtement de puissance et par la distribution de dons spirituels) est **pour le salut des personnes qui l'entourent**.

Le baptême du Saint-Esprit n'est pas une fin en soi. Tout croyant qui le reçoit doit continuer à développer sa communion avec Dieu afin de découvrir et surtout d'utiliser pleinement les dons spirituels qu'il a reçus et ainsi manifester la puissance de Dieu. Cette communion amène progressivement un changement dans sa façon de penser et de raisonner, et lui permet de « synchroniser » ses pensées avec les pensées de Dieu, son esprit avec l'Esprit de Dieu, sa perspective avec celle de Dieu. L'esprit du croyant devient en quelque sorte la passerelle entre la terre et le ciel, entre le naturel et le surnaturel. Plus le croyant fortifie son esprit, plus sa foi est grande, et plus il prend conscience des réalités du Royaume de Dieu. Le pasteur Bill Johnson de la Bethel Church en Californie explique dans un de ses livres l'importance de développer son esprit :

L'esprit est l'outil indispensable pour amener la réalité du Royaume dans les problèmes et les crises auxquels les gens sont confrontés. Dieu l'a conçu pour qu'il soit la porte qui nous donne accès au surnaturel. Mais pour avoir une quelconque utilité dans le Royaume, nos pensées doivent être transformées (...) Lorsqu'elles sont transformées, ce n'est pas seulement nos pensées qui sont différentes, mais aussi notre manière de penser qui est transformée parce **que nous pensons à partir d'une différente réalité, à partir du ciel, vers la terre**[2].

4 – Être rempli du Saint-Esprit

Il y a aujourd'hui de plus en plus de croyants dans le monde, mais leur vie n'a pas toujours l'impact qu'elle devrait avoir dans nos sociétés. Lorsqu'on lit le livre des Actes des Apôtres, et que l'on découvre les prémices de l'Église, on constate que les disciples vivaient des miracles et des guérisons extraordinaires, et que les foules se convertissaient. L'impact fut tel que le christianisme se répandit dans tout l'empire romain.

---

2. Bill Johnson : *The Supernatural power of a transformed mind*, éd Destiny, p. 42.

Certaines personnes pensent que ce temps est aujourd'hui révolu. D'autres, en revanche, croient que les promesses que Jésus leur a laissées sont réelles : « En vérité, en vérité, je vous le dis, celui qui croit en moi fera aussi les œuvres que je fais, et il en fera même de plus grandes, parce que je vais vers mon Père » (Jean 14:12), mais n'arrivent pas à les vivre. Si on regarde les premiers disciples et apôtres, on voit qu'un élément particulier les caractérisait : **ils étaient remplis du Saint-Esprit**. Regardons ensemble deux exemples :

> Quand ils eurent prié, le lieu où ils étaient rassemblés trembla ; **ils furent tous remplis du Saint-Esprit**, et ils annoncèrent la parole de Dieu avec assurance. (Actes 4:31)

> « Ils élurent Etienne, homme **plein de foi et d'Esprit-Saint** » (Actes 6:5). Et un peu plus bas au verset 8 : « Etienne, **plein de grâce et de puissance**, faisait des prodiges et de grands miracles parmi le peuple. »

Aucun croyant ne peut accomplir pleinement la volonté de Dieu s'il n'est rempli du Saint-Esprit. Il avance clopin-clopant, par ses propres forces, il n'a pas la vie d'impact à laquelle il est appelé. C'est l'une des raisons pour lesquelles l'Église actuelle ne manifeste pas l'influence qui doit être la sienne. Paul invita les fidèles de la ville d'Éphèse à être remplis du Saint-Esprit. Il leur dit : « Ne vous enivrez pas de vin : c'est de la débauche. **Soyez, au contraire, remplis de l'Esprit** » (Éphésiens 5:18). Le mot grec utilisé dans ce verset pour « remplis » est *plêroô* qui signifie : remplir jusqu'au bord. Être rempli de la présence du Saint-Esprit. Le théologien John MacArthur utilise l'exemple suivant pour expliquer ce qu'est « être rempli du Saint-Esprit ». Il dit :

> Le chrétien qui est rempli de l'Esprit peut être comparé à un gant. Quand il n'y a pas de main dedans, un gant n'a aucune force et ne sert à rien. Il a été fait pour le travail, mais il ne peut pas le faire par lui-même. Il n'accomplit quelque chose que dans la mesure où la main qui est en lui, le contrôle et agit. Le seul travail qu'accomplisse le gant est le travail de la main. (…) Un chrétien ne peut pas plus accomplir quelque chose sans être rempli du Saint-Esprit qu'un gant ne peut le faire sans être rempli par une main.[3]

• **Comment être rempli du Saint-Esprit ?**

  • En marchant dans la sanctification. (voir p.77)

  • En marchant dans l'obéissance : se soumettre à la volonté parfaite de Dieu.

---

3. John MacArthur : *Éphésiens, Les Commentaires bibliques,* Éditions Impact, p. 326

- En lisant et en demeurant dans la Parole de Dieu : **être rempli de la Parole à un point où elle transforme le caractère, l'attitude, les pensées, et les perspectives du croyant.**

- En s'entretenant par des psaumes, par des hymnes et par des cantiques (Éphésiens 5:19)

- En ayant conscience en permanence de la présence de Dieu à ses côtés, et en vivant chaque jour avec cela à l'esprit.

Pour que le peuple de Dieu amène une profonde transformation dans notre société, et rende visible Dieu en eux, il n'y a pas de secret, il faut que chaque enfant de Dieu soit rempli du Saint-Esprit. C'est là, et seulement là, que Dieu deviendra une réalité pour nos concitoyens.

5 – Le fruit de l'Esprit

« Mais **le fruit de l'Esprit**, c'est l'amour, la joie, la paix, la patience, la bonté, la bienveillance, la foi, la douceur, la maîtrise de soi. » (Galates 5:22)

La révélation des fils et des filles de Dieu implique la manifestation du **fruit de l'Esprit**, ainsi que **des dons spirituels** qu'ils ont reçus. Le fruit de l'Esprit témoigne pleinement de *la présence et du caractère de Christ* dans la vie d'un croyant, et **les dons démontrent la puissance de Dieu.** Plus la foi du croyant grandit, plus la transformation de son caractère et de son attitude seront visibles, au travers de l'amour, de la joie, de la paix, et de la bonne humeur qu'il dégage. L'apôtre Paul le dit lui-même : « Or l'espérance ne trompe point, parce que **l'amour de Dieu est répandu dans nos cœurs par le Saint-Esprit qui**

nous a été donné » (Romains 5:5). L'amour est l'essence même de la nature de Dieu, car Il est amour. C'est ce que l'on retrouve d'ailleurs dans le livre de 1 Corinthiens au chapitre 13 et au verset 4 :

> L'amour est patient, il est plein de bonté ; l'amour n'est point envieux ; l'amour ne se vante point, il ne s'enfle point d'orgueil, il ne fait rien de malhonnête, il ne cherche point son intérêt, il ne s'irrite point, il ne soupçonne point le mal, il ne se réjouit point de l'injustice, mais il se réjouit de la vérité ; il excuse tout, il croit tout, il espère tout, il supporte tout.

Si toutes les caractéristiques du fruit de l'Esprit étaient manifestées dans la vie des citoyens, il est fort à parier qu'il ne faudrait pas beaucoup de temps avant de voir l'atmosphère d'un pays changer.

6 – Les dons spirituels

> En effet, à l'un est donnée par l'Esprit **une parole de sagesse** ; à un autre, **une parole de connaissance**, selon le même Esprit ; à un autre, **la foi**, par le même Esprit ; à un autre, **le don des guérisons**, par le même Esprit ; à un autre, **le don d'opérer des miracles** ;

> à un autre, **la prophétie** ; à un autre, **le discernement des esprits** ; à un autre, la diversité des langues ; à un autre, **l'interprétation des langues**. (1 Corinthiens 12:7)

Ces dons sont octroyés de manière souveraine et surnaturelle par le Saint-Esprit à tous les croyants nés de nouveau. Il n'est donc pas question de les rechercher mais plutôt de les recevoir. Ils sont au nombre de neuf. Chaque enfant de Dieu en reçoit un ou plusieurs lorsqu'il est baptisé du Saint-Esprit. Ils permettent de s'édifier mutuellement et de manifester la gloire de Dieu dans la vie de nos familles, de nos amis et de notre entourage. Les dons spirituels se répartissent en trois groupes de trois[4] :

1. **Les dons d'inspiration :** Prophétie, diversité des langues, interprétation des langues.

2. **Les dons de puissance :** Foi, miracle, guérison.

3. **Les dons de révélation :** Parole de sagesse, parole de connaissance, discernement des esprits.

    ▶ **Le don de prophétie** est un don d'inspiration par lequel le Saint-Esprit communique la Parole de Dieu au travers d'un individu, pour édifier, pour encourager et exhorter. Tout enfant de Dieu est appelé à prophétiser, mais tout le monde n'est pas prophète.

---

4. Ce point est inspiré du cours intitulé « Cours bibliques : Les neufs dons de l'esprit » animé par le Pasteur Claude Payan.

Le prophète est un porte-parole, un messager établi et autorisé par Dieu pour communiquer sa volonté et sa pensée aux hommes.

Il y a quelques années, une amie, chef d'entreprise, rencontrait régulièrement des problèmes de trésorerie à cause des charges et du démarrage de sa nouvelle activité. Un jour, alors que nous étions à plusieurs, réunis pour prier, un ami prophète lui dit : « Avant que l'année se termine, tu vas recevoir miraculeusement une somme de 20 000 euros pour ton entreprise ». Effectivement, quelques jours avant que l'année se termine, son associé qui était informé des problèmes financiers injecta 20 000 euros dans les comptes de l'entreprise, alors qu'il n'avait rien su de la prophétie. On peut dire qu'elle reçut cette somme de manière miraculeuse, puisque l'associé venait tout juste de récupérer cet argent qu'il avait prêté, et ce, depuis plusieurs années.

► **Le don de diversité des langues** peut se manifester sous trois formes :

▪ **Le parler en langues :** le croyant reçoit ce don lorsqu'il est baptisé du Saint-Esprit. Nous avons vu plus haut que « Celui qui parle en langue ne parle pas aux hommes mais à Dieu, car personne ne le comprend, et c'est en Esprit qu'il dit des mystères » (1 Corinthiens 14:2). Le parler en langues apporte de nombreux bénéfices pour celui ou celle qui le pratique régulièrement. Si on devait retenir trois points, je dirais que :

- Le parler en langues permet à celui ou celle qui l'a reçu de s'exprimer directement au cœur du Père, sans faire appel à son intellect puisque lui-même ne comprend pas ce qu'il dit.

- Le parler en langues permet d'édifier son esprit : « Celui qui parle en langue s'édifie lui-même. » (1 Corinthiens 14:3)

- Le parler en langues permet de développer sa communion avec Dieu en ayant une meilleure compréhension de la Parole et une plus grande révélation des mystères de Dieu.

L'une des clés qui permit à l'apôtre Paul d'avoir un ministère aussi puissant, et des révélations aussi riches, était le fait qu'il passait beaucoup de temps à parler en langues. Il le dit lui-même : « Je remercie Dieu de ce que je parle en langues plus que vous tous » (1 Corinthiens 14:18).

Je conseille à ceux et celles qui voudraient approfondir ce point de se procurer l'excellent livre de Glenn Arekion sur ce sujet : « la puissance du parler en langues »[5].

- **Le don pour parler d'autres langues spirituelles, voire même des langues étrangères :** Ce don accorde la capacité de parler d'autres langues spirituelles, mais également de parler parfaitement une langue étrangère que l'on n'a jamais étudiée.

---

5. Glenn Arekion : *La Puissance du parler en langues*, Éditions Vida, 166 p.

Lors d'un culte du dimanche auquel j'assistai, le pasteur raconta qu'un jour, un fidèle donna un don spirituel à l'assemblée pendant le moment de prière. À la fin de la réunion, un homme d'origine africaine qui était là pour la première fois, alla voir cette personne, parce que le message qu'elle avait adressé était dans une langue qui correspondait exactement au dialecte de son village. Il en avait donc compris toute la signification et savait donc clairement que ce message lui était destiné.

- **L'interprétation des langues :** cela consiste à donner publiquement la signification d'un don spirituel qui a été donné en langues lors d'un rassemblement. Ce genre de don spirituel est conduit par l'Esprit dans le but d'édifier l'Église et de convaincre les non-croyants en s'adressant directement à eux. Si l'on reprend l'exemple ci-dessus, cela équivaut à traduire dans un langage intelligible un don spirituel qui a été donné en langues. Seul le Saint-Esprit peut en donner l'interprétation.

▶ **Le don de la foi** est donné à un moment précis pour une situation exceptionnelle qui demande une mesure de foi extraordinaire. Quand ce genre de situation se présente, le Saint-Esprit convainc que l'impossible aux yeux des hommes est possible pour Dieu.

Plusieurs témoignages parlent de personnes qui étaient mortes, et les personnes à leurs côtés étaient convaincues qu'elles pouvaient ressusciter. Elles ont alors reçu une mesure de foi extraordinaire, ont prié, et ces personnes sont ressuscitées.

▶ **Le don des miracles** dépasse l'entendement naturel. Il consiste à réaliser quelque chose qui est totalement impossible et inimaginable dans le naturel. À plusieurs reprises, la Bible nous parle de faits miraculeux comme la multiplication des pains et des poissons (Jean 6:7 à 12) pour des milliers de personnes, la séparation du Jourdain (Josué 3:14 à 17) et de la mer rouge (Exode 14:21 à 29).

▶ **Le don de guérison** est le don qui comme son nom l'indique, permet de guérir des maladies, des handicaps, des malformations, etc. Même s'il est vrai que chaque croyant est appelé à prier pour les malades, et à croire qu'ils peuvent être guéris, celui qui a un don de guérison est revêtu d'une onction vraiment particulière lorsqu'il prie pour les malades.

À titre d'exemple, un jour, un groupe de frères et de sœurs partirent rendre visite à un couple dont l'épouse, âgée d'une cinquantaine d'années environ, souffrait d'une cyphose très grave (elle était bossue). Elle avait les jambes et les bras perclus, des kystes dans les genoux et d'énormes difficultés pour se déplacer et pour lever les bras. Après avoir discuté avec eux et parlé de Jésus, ils proposèrent à la femme de prier pour elle. Une sœur du nom de Félicité lui imposa les mains, et pendant qu'elle priait, une forte présence du Saint-Esprit se fit ressentir dans la pièce. Ils assistèrent alors à un véritable miracle sous leurs yeux. Ils entendirent d'abord le craquement des os, et virent sa jambe droite se redresser, puis sa jambe gauche. Les grosseurs aux genoux dues aux kystes disparurent d'un coup. La bosse fondit miraculeusement, elle se redressa, et commença à marcher sans aucune difficulté. Elle leva ses bras vers le ciel, mais avec de grandes difficultés parce qu'ils étaient tordus. Ils prièrent alors pour ses bras, et comme pour ses jambes, les os et les muscles de ses bras commencèrent à se redresser et ses deux bras devinrent droits. Le mari était abasourdi, les larmes aux yeux, sa femme était totalement guérie. La puissance de Dieu venait de se manifester.

▶ **La Parole de sagesse** est le don que Dieu utilise pour communiquer une part de sa sagesse à une personne afin de lui donner une révélation, une solution ou un éclaircissement sur une situation bien particulière ou par rapport à des plans et des projets qu'Il a prévu de réaliser dans le futur. La personne qui reçoit une parole de sagesse reconnaît que cette parole vient de Dieu à cause de la profondeur et de l'exactitude de la révélation. Cette révélation permet aussi d'avoir des percées surnaturelles dans des domaines où cela était auparavant très compliqué.

Alors que j'assistai à une conférence, un homme de Dieu raconta qu'un de ses amis se trouvait dans une réunion de travail avec des hauts responsables de sa société. Ils rencontraient un problème et essayaient d'y apporter une solution. Il écoutait, sans rien dire, puis apporta une solution qu'il venait de recevoir. Quand il commença à parler, un silence remplit le lieu, parce qu'il apportait la parfaite solution au problème qu'ils rencontraient. Ses collègues ne s'en doutaient pas, mais il venait de libérer une parole inspirée du Saint-Esprit, une parole de sagesse.

> ▶ **La Parole de connaissance** est une révélation surnaturelle, de situations, d'événements, de choses présentes ou passées, dans la vie d'une personne. Le Saint-Esprit met en lumière ces choses cachées dans la vie d'une personne, non pour la condamner, mais pour la délivrer, la guérir, et se révéler à elle. La parole de connaissance révèle des informations sur des choses passées ou présentes, tandis que la parole de sagesse révèle des informations sur des choses futures.

Un dimanche matin à l'église, pendant le temps de prière, l'un de mes amis, Kanda, commença à ressentir des courants électriques le long de sa colonne vertébrale. Comme ces courants devenaient de plus en plus forts, il comprit que le Saint-Esprit lui signalait qu'une personne souffrait de douleurs au dos. Il prit la parole et dit : « Quelqu'un rencontre des problèmes au niveau de la colonne vertébrale. C'est le jour de ta guérison aujourd'hui, reçois-là par la foi ! » Il apprit plus tard qu'à la fin du culte, une personne était allée voir le pasteur pour lui dire qu'il s'agissait d'elle et qu'elle avait été instantanément guérie.

> ▶ **Le discernement des esprits** est un don de révélation par le biais duquel le Saint-Esprit donne au croyant la capacité de pouvoir le monde spirituel et le monde des esprits (anges, démons), ainsi que la véritable nature des choses selon l'œil de Dieu. Il s'agit de voir dans l'invisible, c'est un

équipement spirituel qui permet de discerner ce qui est de la chair et ce qui est de l'Esprit. Une personne qui a le don de discernement des esprits peut identifier l'auteur d'une manifestation surnaturelle ou connaître la nature de l'esprit qui inspire, anime, agite ou tourmente une personne.

L'une de mes amies souffrait d'une malédiction générationnelle. Lors de sa délivrance, une personne qui a le don de discernement réussit à percevoir, grâce au Saint-Esprit, l'esprit impur qui se cachait derrière cette malédiction. Il s'adressa directement à lui par son nom, et lui ordonna de partir, en proclamant le nom de Jésus. L'esprit impur, sachant qu'il était démasqué, partit au bout de quelques minutes.

TROISIÈME PARTIE

Commencer une vie victorieuse

Chapitre 1
Être libéré du passé

Notre époque est marquée par une multitude d'antagonismes. Pour n'en citer qu'un : un grand nombre de personnes ne croient pas au Diable, mais l'intérêt pour les choses occultes et démoniaques ne cesse de croître. En effet, en cherchant un sens à leur vie, plusieurs se sont perdus dans l'occultisme, l'ésotérisme, et des formes de spiritualités mystiques.

À cause de ces pratiques, beaucoup de personnes ont des liens spirituels, voire des malédictions, qu'elles ont hérités de leurs ascendants (malédiction familiale, liens de la maladie, etc.) ou bien de leurs propres agissements conscients ou inconscients. À ce stade du livre, je pense qu'il est nécessaire d'aborder ce sujet afin d'éclairer celles et ceux qui, sans le savoir, auraient pu se placer sous une malédiction quelconque, car il est primordial d'être totalement libre des erreurs du passé pour pouvoir s'épanouir pleinement en tant que fils et fille de Dieu.

1 – Le poids des malédictions

Selon l'encyclopédie en ligne Wikipédia, une malédiction serait « un état de malheur inéluctable qui semble être imposé par une divinité, le sort ou le destin[1] ». C'est un cycle de malchance qui se répète fatalement dans la vie d'une personne, d'une famille, voire même d'une nation. L'enseignant Derek Prince a écrit un livre qui s'intitule *Bénédictions ou malédictions*, dans lequel il donne la définition suivante :

> Une malédiction pourrait être comparée à un long bras maléfique tendu à partir de notre passé. Il repose sur vous avec une force sombre et oppressante qui inhibe la pleine expression de votre personnalité. Vous ne vous sentez jamais complètement libre d'être vous-même.[2]

Certaines familles rencontrent des problèmes avec l'alcoolisme de père en fils, d'autres sont frappées par la même maladie, d'autres encore échouent systématiquement dans tout ce qu'elles entreprennent, etc. Cette emprise pèse sur elles depuis plusieurs générations parfois, et personne ne semble être capable de pouvoir s'en défaire. Lorsqu'un membre de la famille paraît y échapper, elle finit par le rattraper au bout d'un certain temps. Des nations, quant à elles, accumulent le malheur social et les catastrophes naturelles. Lorsque ces choses négatives se produisent

---

1. Sur le site de «Wikipédia» : https://fr.wikipedia.org/wiki/Mal%C3%A-9diction (consulté le 14 octobre 2015).
2. Voir *Bénédictions ou malédictions* de Derek Prince, p. 13.

encore et encore, il faut se poser les bonnes questions afin de discerner si au-delà du caractère répétitif, il ne s'agirait pas en réalité d'une malédiction. La Bible étant le livre par excellence qui enseigne sur les lois et les principes de Dieu, regardons un exemple concernant le peuple d'Israël, au temps du roi David, afin d'illustrer mes propos :

> Au cours du règne de David, il y eut une famine qui dura trois ans. David rechercha l'Éternel et l'Éternel dit : « C'est à cause de Saül et de sa famille sanguinaire, c'est parce qu'il a fait mourir les Gabaonites. (2 Samuel 21:1)

Cela faisait trois ans que le peuple d'Israël était frappé par une famine. Ne sachant que faire, le roi David consulta Dieu qui lui révéla que le roi Saül, son prédécesseur, n'avait pas respecté l'alliance conclue 400 ans plus tôt entre Josué, le successeur de Moïse, et le peuple des Gabaonites. Josué avait prêté serment sur le nom de l'Éternel qu'il n'attaquerait pas les Gabaonites (Josué 9:19), mais le Roi Saül avait violé cet accord en les détruisant. Par cet acte, non seulement il salit le nom de l'Éternel, mais fit également retomber une malédiction sur toute la nation. L'acte commis par Saül eut des conséquences sur toute la nation. David, qui n'avait rien à voir avec cela, dut, en tant que nouveau roi, réparer l'erreur commise par son prédécesseur, afin que la malédiction soit ôtée, et que la famine cesse.

2 – D'où viennent les malédictions ?

Il y a plusieurs sources qui peuvent attirer une malédiction sur une personne, une famille ou une nation. Nous allons en aborder quelques-unes.

• Désobéissance aux prescriptions données par Dieu

Dans le livre du Deutéronome, au chapitre 28, Dieu s'adresse à Moïse et lui donne une liste de prescriptions que le peuple Juif doit suivre scrupuleusement s'il veut être béni :

> Si tu obéis à l'Éternel, ton Dieu, en respectant et en mettant en pratique tous ses commandements que je te prescris aujourd'hui, l'Éternel, ton Dieu, te donnera la supériorité sur toutes les nations de la terre. **Voici toutes les bénédictions** qui se déverseront sur toi et seront ton lot lorsque tu obéiras à l'Éternel, ton Dieu : (…).
> (Deutéronome 28:1)

Les quatorze premiers versets énumèrent une série de bénédictions. En revanche, à partir du verset 15, Dieu énumère les malheurs qui frapperont ceux qui n'obéissent pas à ses prescriptions. Voici ce qu'Il dit à Moïse :

> En revanche, si tu n'obéis pas à l'Éternel, ton Dieu, en respectant et mettant en pratique tous

ses commandements et toutes
ses prescriptions, que je te
donne aujourd'hui, **voici toutes
les malédictions** qui t'attein-
dront et seront ton lot :
Tu seras maudit dans la ville et
dans les champs (…). (Deutéronome 28:15)

Ces lois ont été établies par Dieu pour le peuple d'Israël, mais s'adressent à tous ceux qui souhaitent vivre une vie bénie en évitant de tomber dans certains pièges. Les Écritures nous montrent que le fait d'enfreindre ces lois peut entraîner des conséquences terribles dans la vie de la personne ou de la nation concernée.

• **La force des paroles**

« La mort et la vie sont au pouvoir de la langue ; qui- conque l'aime en mangera les fruits. » (Proverbes 18:21)

La bouche a le pouvoir de bénir, mais également de maudire. De la même bouche peuvent sortir des paroles d'amour, de bénédiction, et juste après, des paroles de haine et de condamnation : « Par elle [la langue], nous **bénissons** le Seigneur notre Père, et par elle nous **maudis- sons** les hommes faits à l'image de Dieu » (Jacques 3:9).

Les paroles sont tellement puissantes qu'elles ont le pou- voir d'encourager, d'élever une personne, et de la pousser à réaliser des exploits, mais elles peuvent aussi la blesser et la détruire. Combien d'hommes et de femmes arrivent à l'âge adulte, brisés par des paroles dures qu'ils ont reçues étant jeunes ? Cela n'amène pas la malédiction certes, mais laisse des traces au plus profond du cœur. Les dommages causés par des paroles dures peuvent être très douloureux et laisser des traces parfois plus profondes que certains coups physiques, même si aucun des deux n'est acceptable. Ainsi, certaines paroles qu'une personne prononce à son encontre ou envers un individu peuvent être des armes de destruction massive en fonction de la teneur des propos (malédictions, incantations, mauvais sorts, etc...)[3].

• **La pratique des sciences occultes**

L'occultisme qui vient du latin « occultus » se rapporte à ce qui est secret, caché. L'occultisme a toujours existé, mais certains adeptes n'ont pas toujours conscience des répercussions négatives que cela peut entraîner dans leur vie, et dans celle de leur famille. La voyance, l'hypnose, l'astrologie, la radiesthésie, le chamanisme, la magie, la sorcellerie, le maraboutisme sont des pratiques qui se sont popularisées ces dernières années. Il n'y a qu'à voir la prolifération des sites internet sur le sujet. Néanmoins, la pratique des sciences occultes ou la consultation de personnes les pratiquant peut apporter la malédiction dans la vie d'une personne. L'occultisme comprend toutes les pratiques qui consistent à interroger ou à utiliser des forces occultes, c'est-à-dire à communiquer avec le monde des esprits ou les morts. Ces pratiques sont dangereuses pour ceux qui s'y prêtent car tenter de communiquer avec un esprit, autre que l'Esprit de Dieu, est une tentative qui conduit indéniablement à un esprit démoniaque.

_____

3. « La mort et la vie sont au pouvoir de la langue. » (Proverbes 18:21)
« Venez, tuons-le avec la langue. » (Jérémie 18:18)

- **L'inspiration musicale**

À notre époque, il est sage de bien choisir le type de musique et d'artistes que l'on écoute, car certains groupes de musique, et certains artistes ont choisi de faire alliance avec le Diable pour avoir du succès et connaître la gloire. C'est un véritable secret de Polichinelle !

La tendance de ces dernières années, c'est que certains artistes ne s'en cachent même plus et affirment ouvertement leurs agissements.

Certains morceaux comportent des paroles subliminales et certains textes, lorsqu'ils sont écoutés ou chantés en boucle, peuvent amener des sortilèges dans la vie de la personne parce que, sans s'en douter un instant, elle répète des incantations divinatoires sur sa vie. Ce n'est donc pas une coïncidence si certains milieux musicaux sont plus réputés que d'autres pour la marginalisation sociale de leurs fans, le taux élevé de suicides et de consommation de drogues en tous genres.

3 – Comment mettre fin aux malédictions ?

- **Les malédictions générationnelles**

Les malédictions générationnelles sont des malédictions qui pèsent sur une personne, une famille, ou une nation, depuis une ou plusieurs générations. La Bible nous enseigne qu'une malédiction peut aller jusqu'à quatre générations :

> Il [Dieu] garde son amour jusqu'à 1000 générations, il pardonne la faute, la révolte et le péché, mais il ne traite pas le coupable en innocent et **il punit la faute des pères sur les enfants et les petits-enfants jusqu'à la troisième et à la quatrième génération** ! (Exode 34:7)

Il est important de toujours bien se rappeler que de la même manière qu'il existe des lois naturelles, il existe aussi des lois spirituelles. La transgression de certaines de ces lois peut engendrer une malédiction. Par exemple, la loi des semailles nous enseigne que tout homme récolte ce qu'il sème. C'est une loi immuable. Celui qui sème de l'amour, récolte de l'amour, celui qui sème la haine, récolte la haine. De même, celui qui consulte ou travaille avec des esprits mauvais attire le malheur sur lui, car il s'expose au monde démoniaque, et cela peut également entraîner des répercussions dans la vie de ses proches.

Mais fort heureusement, lorsque l'on parvient à la connaissance de ces choses, il est possible de s'en débarrasser et à ce titre, il se présente deux cas de figure :

1. **Ceux qui sont victimes d'une possession démoniaque** (certaines pratiques, volontaires ou involontaires, conduisent à une possession démoniaque) :

   - Il faut en premier lieu accepter Jésus comme son Seigneur et Sauveur personnel en demandant pardon pour ses péchés et pour avoir exercé soi-même, ou sa famille, ces pratiques occultes, et de se repentir.

Comme nous l'avons déjà vu, cela permet au Saint-Esprit de venir résider dans votre cœur. Suite à cela, il faut s'entourer de personnes affermies dans la foi, afin qu'elles vous accompagnent, en discernant grâce au Saint-Esprit l'origine du problème. En fonction de ce qui aura été mis en lumière, elles prieront pour votre délivrance. Bien entendu, il faudra mettre fin à ces pratiques en se débarrassant des liens, des livres, objets et autres éléments en rapport de près ou de loin avec l'occultisme.[4]

Il est important de savoir qu'il est dangereux de délivrer une personne qui n'a pas au préalable donné sa vie à Jésus parce que la Parole de Dieu enseigne que si tel est le cas, les démons reviendront plus nombreux et que la condition de cette personne sera pire qu'avant. Voici ce que Jésus enseigna à ses disciples sur ce sujet :

Lorsqu'un esprit impur est sorti d'un homme, il va dans des endroits arides pour chercher du repos, et il n'en trouve pas. Alors il dit : 'Je retournerai dans ma maison, d'où je suis sorti. À son arrivée, il la trouve vide, balayée et bien rangée. **Alors il s'en va prendre avec lui sept autres esprits plus mauvais que lui ; ils entrent**

---

4. « Beaucoup de ceux qui avaient cru venaient déclarer et confesser ce qu'ils avaient fait. Un assez grand nombre de ceux qui avaient pratiqué la sorcellerie apportèrent leurs livres et les brûlèrent devant tous. » (Actes 19:18 et 19)

dans la maison, s'y installent, et la dernière condition de cet homme est pire que la première. Il en ira de même pour cette génération mauvaise. (Matthieu 12:43 à 45)

2. Ceux qui sont victimes d'une malédiction

- Si une personne a une malédiction qui pèse sur sa vie, et que cela est de sa responsabilité, ou de celle de sa famille, il faut qu'elle demande pardon à Dieu, et qu'elle se repente de ce qu'elle a commis, ou de ce que sa famille a fait par le passé.
Il faut ensuite demander au Saint-Esprit de révéler de quel type de malédiction il s'agit, et détruire cette malédiction dans le nom de Jésus : « Père, je te remercie de m'avoir révélé cette malédiction, je te demande pardon, et je me repens. Je détruis, et je me libère maintenant de cette malédiction dans le nom de Jésus. » Dans certains cas, il est préférable de se rapprocher de personnes suffisamment matures spirituellement, pour vous accompagner.

Dans ces deux cas, afin de conserver sa délivrance, il faut :

- Fermer toutes les portes à l'occultisme, au péché et à l'impureté.

- Marcher dans la sanctification et dans l'obéissance.

Une très bonne amie donna sa vie à Jésus en décembre 2015. Quelques semaines plus tard, elle eut la joie d'être baptisée du Saint-Esprit. À ce bonheur, vint se mêler une mauvaise nouvelle : les médecins découvrirent qu'elle était atteinte d'un cancer du sein. À peine âgée de 32 ans, ils lui annoncèrent qu'il était préférable qu'elle subisse une ablation des deux seins afin d'éviter toute complication. Cette nouvelle fut un choc terrible. Si elle avait fait des examens médicaux, c'est parce que les médecins avaient constaté que sa mère était porteuse d'un gène héréditaire prédisposant au cancer. Touchés par sa situation, nous décidâmes avec un petit groupe de frères et sœurs, de prier pour sa santé, croyant que Dieu est capable d'intervenir et de la guérir. Après avoir passé du temps dans la prière, nous lui posâmes plusieurs questions afin de mieux orienter nos prières, et c'est là, que nous apprîmes, qu'en plus de sa mère, ses quatre autres tantes étaient elles aussi porteuses de ce gène. Le Saint-Esprit nous révéla alors qu'il s'agissait en réalité d'une malédiction générationnelle. Ce gène avait muté, et touchait désormais toutes les femmes de la famille. Nous lui demandâmes donc de demander à sa mère si, à sa connaissance, ses grands-parents, ou des membres de la famille, avaient eu recours par le passé à certaines pratiques occultes. Après avoir échangé avec sa mère, elle apprit qu'effectivement, ses grands-parents d'origine Malgache avaient touché à la sorcellerie, et qu'une personne qui en voulait à la famille, leur avait jeté un sortilège. Étant donné qu'elle avait donné sa vie à Jésus, la malédiction générationnelle n'avait désormais plus aucun droit dans sa vie, car Jésus a payé le prix de sa liberté. La Bible est claire à ce sujet :

> Pourtant, ce sont nos souf-
> frances qu'il a portées, c'est
> de nos douleurs qu'il s'est

chargé. Et nous, nous l'avons
considéré comme puni, frappé
par Dieu et humilié.
Mais lui, il était blessé à cause
de nos transgressions, brisé à
cause de nos fautes : la punition
qui nous donne la paix est tom-
bée sur lui, et c'est par ses blessures que nous sommes guéris.
(Matthieu 53:4 et 5)

Elle demanda pardon à Dieu et se repentit pour les pratiques occultes de ses grands-parents. Elle se repentit elle
aussi pour certaines pratiques qu'elle avait faites, mais dont
elle ignorait la portée à l'époque. Nous avons ensuite prié
pour détruire toute malédiction générationnelle, et ce qui
devait arriver, arriva : les esprits démoniaques se manifes-
tèrent. Après leur avoir ordonné de partir, nous avons prié
pour sa guérison. Elle fit une première IRM, sur laquelle
plus aucune trace de cancer n'apparaissait. Elle fit ensuite
une échographie, ainsi qu'une mammographie, et les résul-
tats confirmèrent l'IRM : elle était guérie. Le cancer avait
disparu. Sa maladie était donc liée à une malédiction générationnelle qui pesait sur la famille.

Ainsi, comme nous venons de le voir, le monde spirituel
est beaucoup plus réel que certains ne le pensent, et il faut
bien en avoir conscience afin d'être préparé aux combats
qui vous attendent sur le chemin de la vie. Beaucoup de
nos concitoyens souffrent de divers maux qui se répètent
dans leur vie de manière cyclique, sans que les médecins
n'en trouvent l'explication. Il arrive même que, dans les
hôpitaux psychiatriques, certains patients internés comme
étant fous, schizophrènes, ou suicidaires, soient en réalité
sujets à des possessions démoniaques ou à des oppressions
spirituelles. Une amie psychothérapeute m'a raconté un

jour que, dans l'hôpital psychiatrique dans lequel elle travaillait, ses collègues et elle avaient retrouvé, un matin, une de leur patiente, avec les bras lacérés. Elle avait écrit sur les murs de sa chambre, avec son sang « le Diable est en moi ».

Toutes les couches sociales sont concernées, y compris parfois même des personnes croyantes, qui ont donné leur vie à Jésus, mais qui n'ont pas encore fait tout ce travail de délivrance, afin d'être totalement libérées des liens du passé. Quoi qu'il en soit, Jésus est venu pour affranchir et libérer les personnes captives. En son nom, il est possible à toute personne qui le souhaite d'être totalement et définitivement libre, et de pouvoir ainsi tirer une fois pour toutes un trait sur leur passé.

Chapitre 2
De l'épreuve du feu à la victoire

Il est plutôt rare de rencontrer des personnes qui prétendent aimer les épreuves et les difficultés. Pourtant, lorsque l'on discute avec les personnes étant passées par des difficultés, avec le recul, elles avouent avoir énormément appris sur leur caractère et sur leur relation avec Dieu au travers de ces moments difficiles. Dieu utilise différents moyens pour éduquer ses enfants, les rapprocher de son cœur et faire ressortir les trésors qu'Il a déposés en eux. Le désert et le combat spirituel sont des moments très particuliers dans la vie du croyant et nous allons voir ensemble comment Dieu les utilise pour parfaire son enfant, le perfectionner et le rendre inébranlable.

1 – Victoire dans le combat

Chaque week-end, les parcs et les forêts de la région parisienne sont remplis de joggeurs. La course à pied est le sport le plus pratiqué en France. Tout coureur qui pratique la course de fond sait que le plus important n'est pas tant la vitesse à laquelle vous démarrez, mais plutôt de terminer la course. Combien partent sur les chapeaux de roues et finissent par s'arrêter au bord du chemin ? Certains repartent après avoir récupéré, mais d'autres abandonnent définitivement la course. Cette image illustre bien ce qu'est la vie chrétienne : une course de fond. Pendant cette course, il y a des moments plats où tout va bien, il y a des descentes où tout est facile, il y a des chemins montueux, avec des défis à relever, et il y a des chemins escarpés où il suffit d'un seul faux pas pour tomber dans le ravin.

Le plus grand défi de la vie chrétienne est donc de tenir ferme, et ce, jusqu'au bout. L'apôtre Paul réussit à tenir bon malgré les difficultés, les emprisonnements, les coups, les lapidations et les critiques. Il déclara fièrement à la fin de sa vie : « J'ai combattu le bon combat, j'ai terminé la course, j'ai gardé la foi » (2 Timothée 4:7).

- **La foi, le combat du croyant**

La foi est l'élément qui connecte le croyant à Dieu. La Parole de Dieu définit la foi comme étant : « Une ferme assurance des choses qu'on espère, une démonstration de celle qu'on ne voit pas » (Hébreux 11:1). Elle dit également que c'est Jésus qui suscite la foi et la mène à la perfection[1], et que sans elle, il est impossible de lui être agréable[2]. La foi est comme une semence plantée dans le cœur du croyant et qui se développe petit à petit, au fur et à mesure de la communion qu'il entretient avec Dieu, et de ses expériences personnelles qui témoignent d'une intervention divine. L'un des plus grands défis du Diable est donc de saborder la foi du croyant, en l'attaquant, et en le faisant douter quant à la capacité de Dieu à le protéger et à intervenir dans sa vie. Ces attaques ont pour but d'ébranler

---

1. Hébreux 12:2.
2. Hébreux 11:6.

ses certitudes et ses convictions, afin qu'il renonce, et que se ferment les portes de l'éternité. Les non-croyants ont, pour la plupart, du mal à appréhender toutes ces notions. Pour eux, ils vivent simplement leur vie, en ne faisant rien de mal et n'acceptent pas le fait que l'on puisse les associer au Diable. Cependant, de la même manière que le jour est opposé à la nuit, la lumière est opposée aux ténèbres, et le Diable est l'opposé de Dieu. Ces comparaisons illustrent bien le fait que le Royaume de Dieu est diamétralement opposé au royaume de Satan, et que par conséquent, celui qui n'est pas dans l'un, se retrouve forcément dans l'autre. Les attaques du Diable sont motivées par la haine qu'il nourrit envers Dieu. Ayant été destitué de sa position d'ange de lumière et éjecté du ciel, il rejette sa colère sur la création de Dieu, et principalement sur l'Homme. Il lui insuffle de mauvaises pensées envers autrui, ou bien envers lui-même dans le but final de détruire la Création.

• **Les pensées : principales cibles d'attaque du Diable**

Le Diable attaque le croyant de diverses manières. Cela va de l'oppression au niveau des pensées, aux maladies, à l'occultisme (sorcellerie, maraboutisme, etc.), en passant par des situations spécifiques qui peuvent anéantir le croyant physiquement, moralement ou même mentalement. Je tiens tout de même à vous rassurer qu'aussi longtemps que le croyant fait la volonté de Dieu en marchant dans l'obéissance et dans la sanctification, le Diable ne peut rien contre lui ; il n'a aucun droit légal sur sa vie, comme l'explique si bien ce verset : « Mais celui qui est né de Dieu se garde lui-même, et le malin ne le touche pas » (1 Jean 5:18). Néanmoins, il peut arriver que Dieu **permette** une situation difficile dans votre vie, mais lorsque c'est le cas, non seulement Il vous donne la capacité de la surmonter, mais Il l'utilise pour vous enseigner, pour vous rapprocher de son cœur, ou comme pour son serviteur Job, pour montrer à l'ennemi que vous demeurez fidèle malgré l'adversité.

> Aucune tentation ne vous est survenue qui n'ait été humaine. Dieu est fidèle, et **il ne permettra pas que vous soyez tentés au-delà de vos forces** ; mais avec la tentation il préparera aussi le moyen d'en sortir, afin que vous puissiez la supporter. (1 Corinthiens 10:13)

L'oppression au niveau des pensées étant l'un des principaux points d'attaque de l'ennemi, nous nous concentrerons ici uniquement sur ce sujet, parce qu'ils concernent tous les enfants de Dieu sans exception, et empêchent beaucoup d'éclore spirituellement et de vivre la vie abondante à laquelle ils sont appelés. Son mode opératoire est toujours le même. Il insuffle des pensées négatives dans l'esprit du croyant et cela est tellement subtil que le croyant peut croire que ces pensées viennent de lui. Quand cela a lieu, une bataille prend alors place entre son esprit et son âme parce qu'il sait que les pensées qu'il nourrit sont en totale contradiction avec sa nouvelle nature spirituelle. Son esprit est saint, pur, il est régénéré, et n'est nullement affecté par les attaques de l'ennemi, mais son âme en revanche, ou pour utiliser un terme plus compréhensible, son intellect, est lui, attaqué constamment, et doit y faire face.

Le non-croyant n'a pas ce combat intérieur, puisqu'étant « spirituellement mort », il ne peut aucunement discerner ce qui vient de lui, de ce qui vient de l'ennemi, car il faut que son esprit soit né de nouveau pour juger des choses spirituelles.

Avant d'aller plus loin, il est nécessaire de préciser qu'il est important que tout croyant fasse bien la distinction entre les pensées mauvaises qui proviennent du cœur de l'Homme, de sa nature charnelle, de ses blessures passées, de problèmes personnels, d'un manque de confiance en soi ou de moments difficiles par lesquels il passe, de celles qui résultent des attaques de l'ennemi. Le domaine des pensées est un sujet tellement complexe et vaste, qu'il peut à lui seul faire l'objet d'un livre. Ce qu'il faut retenir toutefois, c'est que les mauvaises pensées ont principalement trois sources :

- **Soi-même**

  - Les scientifiques estiment qu'un être humain a en moyenne entre 30 000 et 50 000 pensées par jour.

  - Ses raisonnements, son éducation, sa culture.

- **L'environnement**

  - Ses pensées sont influencées par ses cinq sens : l'ouïe, l'odorat, le toucher, la vue et le goût.

  - Les choses qu'il regarde ou qu'il entend régulièrement finissent par définir son système de pensée.

- **L'ennemi de l'âme**

  - Les pensées mauvaises soufflées par l'ennemi.

Plus le croyant fortifie son esprit (au travers de la prière, de la lecture de la Parole, des enseignements, de la communion fraternelle, du jeûne, etc.), mieux il parvient à reconnaître parmi les milliers de pensées qu'il reçoit quotidiennement, celles qui viennent de l'ennemi. Quel genre de pensées l'ennemi peut-il souffler à « l'oreille » du croyant ? Il peut s'agir de pensées qui rabaissent, qui attristent, qui déclenchent peur, anxiété et stress alors qu'il n'y a concrètement aucune raison de s'inquiéter. Mais également des pensées de doute : du jour au lendemain, vous remettez en question tout ce que vous avez cru jusqu'à maintenant. Enfin, des pensées de colère, de haine, de jalousie, de rancune, de suicide, d'impureté morale, d'obsession sexuelle, de déviance sexuelle, de blasphème, d'injures, etc.

- **Conséquences émotionnelles**

Le but de ses attaques est de décourager le croyant et de le faire lâcher prise. Elles peuvent avoir de grandes répercussions émotionnelles et ainsi provoquer le stress, l'inquiétude, l'angoisse, etc. chez celui ou celle qui subit ces attaques. Ces émotions peuvent alors avoir des effets sur l'organisme, sous forme de maux de tête à cause du stress, de dépressions, de maladies, etc. Le docteur Caroline Leaf explique dans son livre *Switch on my brain* que, selon une étude menée par l'American Medical Association, 75% à 98% des maladies mentales seraient le résultat d'un niveau élevé de préoccupation au niveau des pensées. Selon la même étude, elle affirme que le stress serait l'un des facteurs principaux dans 75% des maladies dont les gens souffrent aujourd'hui.[3]

• Combat de la foi dans les pensées

L'apôtre Paul a dit : « En effet, ce n'est pas contre l'homme que nous avons à lutter, mais contre les puissances, contre les autorités, contre les souverains de ce monde de ténèbres, contre les esprits du mal dans les lieux célestes » (Éphésiens 6:12). Il est indispensable que le croyant demande l'assistance du Saint-Esprit pour discerner ses propres pensées, celles qui viennent de Dieu et de l'ennemi. Il doit également renverser les anciens schémas de pensées qui le poussaient à reproduire encore et toujours les mêmes choses mauvaises, et à croire les mensonges de l'ennemi. C'est pour cette raison que l'apôtre Paul a écrit aux habitants de la ville de Corinthe en leur expliquant l'importance d'aligner leurs pensées sur la pensée de Dieu. Il leur a dit :

> Car les armes avec lesquelles nous combattons ne sont pas charnelles ; mais elles sont puissantes, par la vertu de Dieu, pour renverser des forteresses. Nous renversons les raisonnements et toute hauteur qui s'élève contre la connaissance de Dieu et **nous**

---

3. Caroline Leaf : *Switch on my brain*, p. 36.

**amenons toutes pensées cap-
tives à l'obéissance de Christ.**
(2 Corinthiens 10:4 à 5)

Lorsque de mauvaises pensées se présentent, nous devons prendre autorité et déclarer : « Je refuse cette pensée ! » Nous devons ensuite nous discipliner à fixer notre attention sur autre chose afin de ne pas laisser cette pensée troubler notre paix. Quel que soit le combat par lequel passe le croyant, il ne doit jamais oublier qu'il n'est pas seul, Dieu est à ses côtés par son Saint-Esprit. Il doit donc appuyer sa foi et sa confiance sur la Parole de Dieu et méditer les versets adaptés à sa situation. La Parole de Dieu est l'arme par excellence pour détruire les attaques de l'ennemi, mais pour cela, aussi faut-il la connaître et l'intégrer dans notre vie au quotidien. Voyons ensemble quelques versets qui rappellent au croyant la présence de Dieu à ses côtés en toutes circonstances :

Celui qui est en vous est plus grand que celui qui est dans le monde. (1 Jean 4:4)

Il [Dieu] **vous affermira aussi jusqu'à la fin** pour que vous soyez irréprochables au jour de notre Seigneur Jésus-Christ. (1 Corinthiens 1:8)

Quelles persécutions n'ai-je pas supportées ! **Et le Seigneur m'a délivré de toutes.**
(2 Timothée 3:11)

> Le Seigneur me délivrera de toute œuvre mauvaise et Il me sauvera pour me faire entrer dans son royaume céleste. (…).
> (2 Timothée 4:18)

> Voici, **Je vous ai donné le pouvoir** de marcher sur les serpents et les scorpions et sur toute la puissance de l'ennemi, et **rien ne pourra vous nuire**. (Luc 10:19)

> Mais dans toutes ces choses, nous sommes **plus que vainqueurs** par Celui qui nous a aimés. (Romains 8.37)

> Avec Dieu, nous ferons des exploits : **c'est Lui qui écrasera nos adversaires**. (Psaumes 108:14)

Un ami m'a dit un jour un proverbe africain : « Si tu ne croises jamais le Diable sur ton chemin, c'est certainement parce qu'il marche à tes côtés. » Tout croyant qui désire faire la volonté de son Père rencontrera forcément de l'opposition sur sa route, car l'accomplissement de la volonté de Dieu révèle sa gloire, et l'ennemi se lèvera contre ça. Il ne faut donc pas se décourager quand la tempête fait rage, mais avancer confiant car vous êtes sur le chemin de la Vie.

2 – Victoire dans le désert

Chaque croyant a sa propre histoire, sa propre rencontre avec Dieu. Chacune d'entre elles est différente, mais elles ont toutes un point commun, celui d'un tournant décisif dans la vie de la personne. La plupart peuvent même témoigner « d'un avant et d'un après ». Pour certains, cette rencontre a eu lieu au moment où ils se posaient des questions sur la vie en général, ou encore lors d'une guérison miraculeuse, pour d'autres à travers un songe dans lequel Jésus s'est révélé directement à eux, ou en entendant un témoignage poignant d'un ami ou d'un collègue. Pour finir, d'autres ont simplement poussé la porte d'une église et ont été touchés par l'atmosphère et l'amour qui régnait dans ce lieu.

Toute personne qui a eu une vraie rencontre avec Jésus peut en témoigner par la paix et la joie qu'elle a ressenties ce jour-là. Un feu et un engouement sont nés dans son cœur. Pourtant au bout d'un certain temps, elle a l'impression que le zèle de ses débuts est de moins en moins fort. Quand auparavant elle ressentait la présence de Dieu à ses côtés dès qu'elle priait, qu'elle Le louait, et qu'elle prenait un réel plaisir à lire la Bible, à aller à l'église, et à retrouver ses frères et sœurs, elle a désormais l'impression que « cette présence » est moins forte, voire même pour certains, qu'elle a disparu. Et quand auparavant ses prières étaient exaucées quasi automatiquement, elles tardent désormais à obtenir une réponse.

Tout chrétien passe à un moment donné par cette étape. Dieu est toujours bel et bien présent à ses côtés, mais Il permet « ce silence » pour se révéler à lui différemment, afin qu'il grandisse spirituellement et qu'il expérimente une nouvelle dimension d'intimité avec Lui. Afin de mieux illustrer ces propos, regardons par exemple le comportement des parents envers leur nouveau-né : lorsqu'un enfant vient de naître, il a toute l'attention de ses parents et passe la majeure partie de son temps à leurs côtés, ou du moins à portée de vue.

Tout bébé dispose, dès sa naissance, d'une panoplie de capacités sensorielles élémentaires qui vont se développer tout au long de son enfance, mais pour cela, il faut qu'il apprenne progressivement à se débrouiller seul, à tenir son biberon, à manger, à devenir propre, etc. Si au début, ses parents accouraient dès qu'il pleurait et l'aidaient systématiquement dès qu'il avait un besoin quelconque, ils vont petit à petit le laisser faire les choses par lui-même afin qu'il développe ses facultés physiques, sensorielles et intellectuelles.

Il en est de même avec Dieu. Toute personne nouvellement convertie est affectueusement surnommée un « bébé spirituel » à cause de la jeunesse de sa foi. Souvent, Dieu répond à ses attentes dès qu'elle prie, dès qu'elle pleure, dès qu'elle a besoin de quelque chose. Toutefois, comme nous l'enseigne si bien la nature, il est nécessaire au bout d'un moment que le bébé devienne adulte afin d'être autonome et de pouvoir voler de ses propres ailes. Dieu a mis d'énormes capacités en chacun de ses enfants, mais il faut qu'ils grandissent spirituellement pour être capable d'utiliser les dons et les talents qu'il a déposés en eux car chacun d'eux est, en quelque sorte, une facette de Dieu. Il va donc permettre qu'ils passent par des moments de désert et d'épreuves afin de les éduquer, de les fortifier et de les parfaire.

• Le désert rapproche du cœur de Dieu :

En 2012, je l'ai personnellement expérimenté. Je me rappelle qu'à cette époque, j'ignorais complètement ce par quoi j'étais en train de passer. C'est seulement bien plus tard, un jour où j'accompagnais un ami dans une librairie chrétienne à Paris que je compris qu'il s'agissait de ce que l'on appelle : « le désert ». Pendant que je marchais dans les allées, je scrutais les centaines de livres qui s'y trouvaient, dans l'espoir d'en trouver un qui me permette de comprendre ma situation. Au bout de quelques minutes, ne sachant pas lequel choisir, je fis une rapide prière dans ma tête : « Seigneur, montre-moi un livre qui puisse m'aider, amen. » Il paraît que ce sont parfois les prières les plus courtes qui sont les meilleures. Toujours est-il que je n'ai rien entendu de spécial, ni vu de flash particulier, mais je me suis simplement dirigé vers la section des livres anglophones. Alors que je regardais les titres et les couvertures, un livre m'interpella plus que les autres, il s'intitulait : *Victory in the wilderness* : *Growing strong in Dry Times*[4] de John Bevere. Une fois rentré chez moi, je commençai à le lire et là, stupeur ! L'auteur décrivait exactement ma situation actuelle. Plus j'avançais dans ma lecture, plus je comprenais ce qu'était le désert et surtout quel en était son but. L'auteur expliquait qu'à l'époque où il était encore un jeune pasteur, il connut une longue période de désert qui dura environ 18 mois. Pendant cette période, les rapports avec sa femme se tendirent, et cela lui permit de mettre le doigt sur certains traits de son caractère qui avaient besoin d'être changés, sinon cela risquait de poser de graves problèmes dans son couple et par la suite de ralentir sa croissance spirituelle. Il admit plus tard que cette période transitoire avait

---

4. John Bevere : Victory in the wilderness : Growing strong in Dry Times, éd. John Bevere Ministries, 171 p.

été nécessaire pour briser en lui des choses qui l'auraient à un moment donné de sa vie empêché d'aller plus loin avec Dieu, et d'accomplir les projets qu'Il avait prévus pour lui. L'épreuve passée, il sortit du désert, transformé, beaucoup plus proche de Dieu et dépouillé de ce qui aurait pu être un frein à sa croissance. Aujourd'hui, c'est un écrivain renommé qui a écrit plus d'une vingtaine de livres dont plusieurs sont devenus des best-sellers.

La semaine suivante, je me rendis dans mon église et le pasteur prêcha sur… ? Je vous le donne en mille : le désert. À la fin de la réunion, une amie vint me voir et me dit : « Pascal, je crois que j'ai reçu une parole pour toi de la part du Seigneur. Le Seigneur m'a dit qu'en ce moment tu traversais une période de désert, mais il ne faut pas que tu t'inquiètes, car c'est Lui qui permet cela dans ta vie afin de pouvoir te transformer ». Pendant qu'elle me disait cela, je pouvais lire sur son visage une certaine appréhension parce qu'elle attendait que je lui confirme que cette parole m'était destinée. Et cette parole m'était bel et bien destinée, c'était la troisième confirmation. D'ailleurs, le livre que vous tenez dans vos mains n'aurait certainement jamais existé si je n'étais pas passé par cette période de désert. De là en sortent des expériences extraordinaires, qui fortifient votre foi, vous enracinent pleinement dans votre marche, et vous poussent à reconsidérer vos priorités, et à réaligner votre volonté avec celle du Très-Haut.

Peut-être me demanderez-vous : « Mais en quoi cela te pousse-t-il à te rapprocher de Dieu ? » Pour bien comprendre cela, il faut faire un parallèle entre le désert spirituel et le désert physique. De la même manière que les températures extrêmes du désert (physique) vous donnent soif, de même le désert spirituel vous pousse à chercher de quoi vous désaltérer. Or, seul Jésus qui est la source d'eau vive peut étancher la soif de l'âme. C'est pour cela que le roi David déclara dans l'un de ses psaumes :

> Ô Dieu, tu es mon Dieu, je
> te cherche ; mon âme a soif de
> toi, mon corps soupire après toi,
> dans une terre aride, desséchée,
> sans eau. (Psaumes 63:2)

Les joailliers mettent l'or dans un feu à très haute température pour détacher les impuretés et le travailler comme ils le souhaitent. Dans un passage des Écritures, l'apôtre Pierre compare la foi du croyant à celle de l'or épuré par le feu. Il dit la chose suivante :

> C'est ce qui fait votre joie, même si maintenant, puisqu'il le faut, **vous êtes pour un peu de temps attristés par diverses épreuves. Ainsi, la valeur éprouvée de votre foi** – beaucoup plus précieuse que l'or, qui est périssable et que l'on soumet pourtant à l'épreuve du feu – aura pour résultat la louange, la gloire et l'honneur lorsque Jésus-Christ apparaîtra. (1 Pierre 1:6)

Le feu dont il parle n'est pas sans nous rappeler les températures extrêmes que l'on retrouve dans le désert. Le désert spirituel sculpte le caractère, façonne l'identité, redéfinit les priorités et les aligne avec celles de Dieu. Il pousse le croyant à tourner le dos au péché, à abandonner les mauvaises habitudes, à mettre de côté son orgueil, à revoir son mauvais caractère, son manque d'amour et de pardon.

Plusieurs personnages de la Bible sont passés par là avant d'entrer pleinement dans leur appel ; Jésus était l'un d'entre eux. Après qu'il fut baptisé d'eau, l'Esprit de Dieu le conduisit dans le désert où Il jeûna et pria pendant 40 jours. Il est intéressant de relever que c'est bien le Saint-Esprit qui le conduisit et non le Diable. Après cette période, le Diable vint le tenter mais Il tint bon. Cette mise à l'écart Lui permit de se préparer et de s'accorder avec le Père avant de commencer son ministère sur terre. Lorsqu'Il sortit du désert, Il était équipé et fin prêt pour commencer sa mission : « Jésus, revêtu de la puissance de l'Esprit, retourna en Galilée, et sa réputation gagna toute la région » (Luc 4:14).

Même chose pour l'apôtre Paul dont tous les écrits sont réputés pour leur profondeur et pour leur richesse. Il avait une telle connaissance des mystères de Dieu que même l'apôtre Pierre dit à son sujet que certains points qu'il aborde sont : « difficiles à comprendre » et que « les personnes ignorantes et mal affermies en tordent le sens »[5]. Cela n'a pas empêché l'apôtre Paul de passer trois ans dans le désert d'Arabie et il est fort probable que c'est durant cette période d'isolement, qu'il reçut une grande partie de ses révélations. Sans oublier Moïse et le peuple d'Israël qui passèrent eux aussi 40 ans dans le désert.

_____

5. 2 Pierre 3:16.

- **Le désert permet le perfectionnement des saints**

La place Vendôme est l'un des endroits de Paris les plus prisés par les touristes fortunés. Vous pouvez y trouver certaines des plus belles pierres et des plus beaux bijoux au monde. Mais avant de se retrouver en vitrine, la plupart de ces bijoux ont subi un véritable processus de transformation. Un diamant par exemple, se forme à partir du carbone amené à une température extrême d'environ 1 200°C et à une pression comprise entre 4,5 GPa[6] et 6 GPa, ce qui correspond à des profondeurs d'environ 150 à 1 000 km dans le manteau terrestre[7]. Certains diamants, comme le diamant noir, ressemblent à de simples morceaux de charbon lorsqu'ils sont à l'état brut. Mais c'est tout le travail que va effectuer le diamantaire sur la pierre qui va lui donner de la valeur. Le diamant est le matériau naturel le plus dur qui existe, il ne peut être rayé et taillé que par un autre diamant. C'est uniquement après tout ce processus de transformation qu'il rejoindra les bijouteries les plus prestigieuses. Son nom est dérivé du grec ancien «Adámas », qui signifie : invincible, indomptable, indestructible, et d'adamastos qui signifie inflexible, *inébranlable*. Il est intéressant de voir que l'apôtre Pierre utilise le même mot *inébranlable*, mais dans un passage qui fait référence à la capacité que Dieu donne au croyant pour tenir ferme face à l'épreuve. Il dit :

> Le Dieu de toute grâce qui
> vous a appelés en Jésus-Christ
> à sa gloire éternelle, après que
> **vous aurez souffert** un peu de

---

6. Symbole du gigapascal, unité de mesure de pression du Système international.
7. Sur le site de «Wikipédia» : https://fr.wikipedia.org/wiki/Diamant (consulté le 15 décembre 2015).

temps, vous **perfectionnera** lui-
même, vous **affermira**, vous
fortifiera, vous rendra **inébran-
lables**. (1 Pierre 5:10)

Car Dieu fait toute chose pour un but. La raison pour laquelle Dieu permet certaines épreuves dans la vie d'un individu, c'est pour le forger, le former et l'aider à vaincre, de façon que celui-ci devienne un libérateur pour d'autres qui passent ou passeront par les mêmes situations. L'expérience qu'il en tire lui permet d'aider les autres. Bien souvent, la souffrance et l'adversité sont le carburant des hommes et des femmes de destinée, parce qu'elles les poussent à découvrir leurs limites, à trouver des solutions, et à les dépasser. Les épreuves et les souffrances leur révèlent leurs limites, et les rapprochent de Celui qui n'en a pas, Dieu.

- **Que faire dans cette situation ?**

  - **Avoir une bonne attitude.** L'attitude du croyant est très importante car de sa disposition de cœur dépendra la durée du désert, et de ce qu'il apprendra (ou pas) au travers de cette épreuve.

  - **Savoir en tirer des enseignements.** Dieu utilise le désert pour changer le cœur du croyant. Il est donc important que celui-ci s'interroge pour comprendre pourquoi Dieu permet cela dans sa vie : « Que veut-il changer en moi ? Mon caractère, ôter l'orgueil, soigner certaines blessures du passé, tester ma foi et ma confiance en Lui, m'apprendre à persévérer … Etc. »

- **Abandonner les choses mauvaises.** Laisser Dieu ôter toutes les impuretés du cœur, même si cela fait mal. Tant qu'elles sont là, elles sont un obstacle pour s'approcher plus près de Lui et le risque de rechute demeure.

- **Apprendre à diminuer pour qu'Il croisse.** Apprendre à faire taire son ego, à diminuer pour que Lui croisse et occupe beaucoup plus de place dans notre cœur. « Il faut qu'il croisse, et que je diminue. » (Jean 3:30)

• **Les bénéfices du désert**

Le désert oblige à ralentir et à méditer afin de comprendre ce qui se passe. Rien que cela est déjà un exploit en soi, dans une société où l'on est accaparé par toutes sortes d'activités. Il oblige à mettre de côté tout ce qui est superficiel et à se recentrer sur l'essentiel :

- La prière, la lecture de la Parole et le jeûne

- L'exercice de sa foi

- La découverte de sa destinée

- La transformation de l'être intérieur dans le but de le rendre inébranlable

- Laisser Dieu prendre les rênes de sa vie

- Apprendre à ne plus s'appuyer sur ce que l'on voit, mais sur ce que l'on croit

Il est important de bien faire la différence entre le désert et le combat spirituel. **Le désert est voulu par Dieu, tandis que le combat spirituel est permis par Dieu.** Dans ces deux situations, Dieu est toujours aux côtés de son enfant, même si celui-ci peut avoir le sentiment parfois d'être seul au milieu de la tourmente. Le silence ne signifie pas l'absence. Le silence pousse l'enfant à se rapprocher du cœur de son Père afin de mieux apprendre à entendre le son de sa voix. Lorsque vous commencez à mieux entendre sa voix, il est dès lors plus facile d'établir une relation avec Lui, et de comprendre les épreuves par lesquelles vous passez afin d'en tirer des enseignements. Il n'est pas rare que le désert précède une période de changement dans votre vie, et vous y prépare. Nous allons maintenant voir ce qu'est la destinée.

QUATRIÈME PARTIE

La destinée

Chapitre 1
De la victoire à la destinée

Je suis convaincu que cette époque est un temps particulier que Dieu a choisi pour se révéler d'une manière spéciale aux Hommes. Néanmoins, pour que cela prenne place, Il a besoin que ses enfants entrent dans leur destinée, car quel est le meilleur moyen de révéler ce qui est en vous si ce n'est en accomplissant ce pour quoi vous êtes né ?

La Bible nous parle de plusieurs personnes que Dieu a choisies pour une destinée bien particulière : Abraham, Joseph, Moïse, Josué, Gédéon, David, Jésus, Ruth, Esther, Marie et bien d'autres. Le point commun est que le changement radical de leur vie a bénéficié à beaucoup d'autres, de leur bénédiction a découlé d'autres bénédictions. Parmi eux, il y en a un qui, à l'âge de 17 ans, eut un rêve sur sa destinée. Son histoire est celle d'un jeune homme utilisé par Dieu pour sauver une nation tout entière.

1 – La destinée de Joseph : un modèle de fidélité

Joseph était l'avant-dernier d'une fratrie de douze frères et le fils préféré de son père Jacob, ce qui énervait allègrement ses frères. Un soir, il fit un songe et le leur raconta, ce qui ne fit qu'augmenter leur animosité envers lui. Il rêva que lui et ses frères étaient en train d'attacher des gerbes au milieu d'un champ. Dans son rêve, sa gerbe restait debout tandis que celles de ses frères l'entouraient et se prosternaient devant la sienne. En entendant cela, ses frères s'énervèrent et lui demandèrent s'il croyait vraiment qu'il allait régner sur eux. Quelque temps plus tard, il fit un second rêve, qu'il leur raconta aussi.

Cette fois, il rêva que le soleil, la lune, et les onze étoiles se prosternaient devant lui. À l'écoute de ce songe, les frères de Joseph furent fous de colère et voulurent le tuer, mais l'un d'entre eux, Ruben, s'y opposa et leur proposa, à la place, de le jeter dans une citerne. Ce qu'ils firent. Après un certain temps, une caravane de commerçants qui se rendait en Égypte passa devant eux. Les frères de Joseph décidèrent donc plutôt de le vendre comme esclave. Les commerçants l'achetèrent et le vendirent à Potiphar, officié de Pharaon. Joseph devint alors serviteur de Potiphar et fit prospérer les affaires de son maître. Ce dernier lui confiait tout ce qu'il possédait car il voyait que la grâce et la faveur de Dieu étaient avec lui. Mais, étant devenu un beau et grand jeune homme, la femme de Potiphar tenta à plusieurs reprises de le séduire afin qu'il couche avec elle. Devant son refus, elle continuait d'insister, jour après jour, mais offensée par la résistance du jeune homme, elle mentit à son mari en lui disant que Joseph avait tenté d'abuser d'elle. Fou de rage, Potiphar le jeta en prison. Mais l'histoire de Joseph ne s'arrête pas là. En prison, il fit la connaissance d'un échanson[1] et d'un panetier[2]. Pendant la nuit, l'échanson et le panetier eurent chacun un songe qu'ils racontèrent à Joseph, qui en trouva la signification. Après un certain temps, l'échanson

---

1. L'échanson était celui qui donnait à boire au roi.
2. Le panetier préparait le pain du roi.

fut libéré et Joseph le pria de se souvenir de lui lorsqu'il retournerait à la cour de Pharaon. Mais celui-ci l'oublia.

Deux ans plus tard, Pharaon eut un songe et convoqua tous les magiciens et les sages d'Égypte, afin d'en avoir l'interprétation, mais aucun d'eux ne parvint à lui en donner la signification. L'échanson se souvint alors de Joseph et en parla à Pharaon. Pharaon l'envoya chercher en prison et lui raconta son rêve. Joseph réussit à interpréter le songe de Pharaon. Il lui expliqua que le pays allait connaître sept années d'abondance, et que s'ensuivraient sept années de famine. Pharaon devait donc choisir un homme intelligent et sage afin qu'il puisse amasser des réserves pendant les sept années d'abondance, afin de faire face à la famine qui frapperait le pays. Devant la sagesse de Joseph, il le choisit pour accomplir cette tâche, comme nous le montre le passage biblique suivant :

> Puisque Dieu t'a fait connaître tout cela, il n'y a personne qui soit aussi intelligent et aussi sage que toi. Tu seras responsable de ma maison et tout mon peuple obéira à tes ordres. Le trône seul m'élèvera au-dessus de toi. Vois, je te donne le commandement de toute l'Égypte. Le pharaon retira l'anneau de son doigt et le passa au doigt de Joseph. Il lui donna des habits en fin lin et lui mit un collier d'or au cou. Il le fit monter sur le char qui suivait le sien et l'on criait devant lui : ' À genoux ! '. C'est

ainsi que le pharaon lui donna le commandement de toute l'Égypte. (Genèse 41:39 à 41)

Comme il avait était annoncé, la famine eut bel et bien lieu, mais le pays put y faire face grâce aux mesures entreprises par Joseph. Les habitants des pays alentours, sachant qu'il y avait du blé en Égypte, vinrent s'approvisionner, et Jacob y envoya également ses fils, excepté Benjamin le plus jeune, qui resta à ses côtés. Joseph, qui dirigeait la vente du blé, eut un beau jour la surprise de voir des hommes se présenter, et se prosterner devant lui. Il s'agissait de ses frères. Ils ne le reconnurent pas, mais lui les reconnut. Il se souvint alors du premier songe qu'il avait fait étant plus jeune. Sans leur dévoiler son identité, il leur demanda de revenir le voir mais avec leur plus jeune frère cette fois-ci. Il fit prisonnier l'un d'entre eux afin de s'assurer qu'ils reviendraient. Les frères revinrent avec le plus jeune, mais ils ne le reconnurent toujours pas. Au bout d'un certain temps, Joseph finit par leur dévoiler son identité. Aussitôt, ses frères craignirent qu'il ne se venge de leurs mauvaises actions envers lui. Mais il les rassura en leur disant :

Maintenant, ne vous affligez pas, et ne soyez pas fâchés de m'avoir vendu pour être conduit ici, car c'est pour vous sauver la vie que Dieu m'a envoyé devant vous. Voilà deux ans que la famine est dans le pays ; et pendant cinq années encore, il n'y aura ni labour, ni moisson. Dieu m'a envoyé devant vous pour vous faire subsister dans le pays, et pour vous faire vivre

144

par une grande délivrance. **Ce n'est donc pas vous qui m'avez envoyé ici, mais c'est Dieu ; Il m'a établi père de Pharaon, maître de toute sa maison et gouverneur de tout le pays d'Égypte.** (Genèse 45:5 à 8)

Les frères retournèrent chercher leur père Jacob, et se réfugièrent en Égypte avec tout le reste de la famille pour échapper à la famine. Les deux songes de Joseph finirent par s'accomplir au bout de dix-sept ans.

Au travers de ces deux songes, on comprend que Dieu avait prédestiné Joseph à devenir le Numéro 2 d'Égypte dans le but de secourir son peuple lorsque la famine frapperait. Lorsque Pharaon eut le songe et qu'il consulta son entourage, il s'avéra que seul Joseph était capable d'en donner l'interprétation. C'est grâce au don d'interprétation que Dieu lui avait donné qu'il put expliquer le songe de l'échanson puis celui de Pharaon. En effet, la révélation et l'interprétation venaient de Dieu.

Le don d'un Homme le conduit dans sa destinée quand celui-ci reste fidèlement connecté à celui qui lui a fait ce don. Joseph est resté fidèle à Dieu malgré toutes les épreuves par lesquelles il est passé. À aucun moment il ne s'est mis en colère, ou même révolté contre Lui. Mais le don en lui seul ne suffit pas, il faut l'exercer. Et c'est en exerçant son don que Joseph eu accès au Pharaon. Le rêve de ce dernier était en réalité une occasion que Dieu avait placée devant lui pour qu'il puisse se rapprocher du pouvoir. Son don était la clé qui lui permit de franchir la porte du palais royal. Cela n'est pas sans nous rappeler le proverbe du roi Salomon qui dit : « Si tu vois un homme habile dans son travail, c'est au service des rois qu'il se tiendra » (Proverbes 22:9). Joseph réussit sa mission parce qu'il resta **fidèle** et **intègre** envers et contre tout. C'est ce qui permit à la grâce et à la faveur de Dieu de toujours demeurer dans sa vie.

Ainsi, il passa du statut de prisonnier à celui de Premier ministre de tout un royaume, en un claquement de doigts. Pharaon aurait pu se contenter de le libérer et de le couvrir de richesses, mais il choisit de l'établir comme son bras droit. Joseph l'ignorait à ce moment-là, mais il évoluait dans sa destinée et de ce fait, les circonstances et les décisions des hommes convergeaient toutes en sa faveur parce qu'elles étaient parfaitement alignées avec la volonté de Dieu. C'est pour cela qu'en dépit des nombreux rebondissements et des circonstances négatives qu'il rencontra en chemin, il finit malgré tout par atteindre le but que Dieu avait fixé pour sa vie. Sa destinée fut de la plus grande importance puisque Dieu l'a utilisé pour garantir la stabilité économique de L'Égypte et par-dessus tout la survie de Jacob et de sa famille, c'est-à-dire le futur de la nation d'Israël. Il faut rappeler que Dieu avait changé le nom de Jacob en celui d'Israël, et de sa descendance naquit la nation d'Israël. En sauvant Jacob et sa famille, Joseph sauva la destinée d'une nation, celle du peuple d'Israël. En protégeant Jacob, Dieu honorait l'alliance qu'Il avait faite avec Abraham (son arrière-grand-père), Isaac, et Jacob lui-même, quelques années plus tôt.

2 – Que nous enseigne cette histoire ?

Si l'on se contente de simplement rester en surface, nous nous accorderons à dire qu'il s'agit d'une histoire avec une fin heureuse qui se résume à « *tout est bien qui finit bien* ». Mais si l'on prend le temps de s'y attarder un peu plus, on ne peut qu'être émerveillé de voir comment les événements négatifs que rencontra Joseph finirent tous par tourner en sa faveur. Son histoire est vraiment très riche en enseignements et il y aurait vraiment beaucoup à dire, mais les deux points significatifs que j'aimerais souligner sont les suivants :

- Joseph était né pour un but bien précis.

- Les choix et les décisions qu'il fut amené à prendre eurent un impact non seulement dans sa vie, mais également dans la vie des autres.

Sans le savoir, Joseph avançait selon un script divin écrit d'avance, mais c'est seulement bien plus tard qu'il s'en rendit compte. Les songes qu'il eut à l'adolescence s'avéraient être en réalité une projection de son futur, une image de sa destination.

À chaque fois que j'ai l'occasion d'échanger sur le sujet de la destinée, je me rends compte que beaucoup de personnes ignorent le sens de celle-ci, et à la fin de la discussion, elles se demandent si elles-mêmes sont destinées à faire quelque chose de spécial de leur vie, ou si cela est uniquement réservé à une certaine catégorie de personnes. Il est vrai que bien souvent, notre image de la destinée est pour la plupart du temps fondée sur des parcours de vie d'hommes et de femmes qui ont accompli de grandes choses, et ont marqué positivement l'Histoire. La plupart

147

d'entre nous avons une certaine admiration pour ces personnes. J'en veux pour preuve le succès que remportent les livres et les films autobiographiques qui retracent la vie de ces individus ordinaires qui ont eu un destin hors du commun. Or, il faut comprendre que cela n'est pas réservé à une catégorie de personnes, mais cela concerne tout un chacun. Atteindre son but ou sa destinée sont donc des réalités ancrées dans l'ADN même de chaque être humain. Dieu le Fils, Lui-même, s'étant fait homme pour sauver l'humanité, a accompli son but sur Terre. Voyons quelle était sa destinée et comment Il a pu l'accomplir.

3 – Jésus : un modèle parfait de destinée

Jésus est venu sur terre avec un but : **révéler le Père et sauver l'humanité**. Il fut conçu dans le sein d'une vierge par la puissance du Saint-Esprit, ce qui fit de Lui un homme pur et sans péché. Il est et demeurera pour toujours le seul Homme à n'avoir jamais péché, ce qui lui permet de sauver parfaitement ceux qui s'approchent de Dieu par lui[3]. Un épisode particulier se produisit dans sa vie alors qu'Il n'était âgé que de douze ans. Cet événement nous révèle qu'à ce jeune âge, Il était déjà conscient de sa mission.

• Jésus connaissait sa destinée dès l'âge de 12 ans

Après avoir célébré la Pâque à Jérusalem comme chaque année, ses parents retournèrent chez eux à Nazareth, qui était à plusieurs jours de marche[4]. Jésus n'était pas à leurs

---

3. Romains 3:23 et 24, Hébreux 7:25
4. Luc 2:41 à 49.

côtés, mais ils ne s'inquiétèrent point, pensant qu'Il était très certainement avec des compagnons de voyage ou des connaissances de la famille. Mais après une journée de marche sans le voir, ils se rendirent à l'évidence qu'Il était resté à Jérusalem. Ils décidèrent donc de faire demi-tour et le retrouvèrent au temple, assis, en train de discuter avec des docteurs de la Loi. Les docteurs étaient surpris par les questions et la connaissance de ce jeune garçon. Lorsque ses parents le virent, ils ne purent s'empêcher de le réprimander parce qu'ils étaient morts d'inquiétude. Cependant, Jésus leur fit une réponse surprenante pour un enfant de son âge. Il leur dit : « Pourquoi me cherchiez-vous ? Ne saviez-vous pas qu'il faut que je m'occupe des affaires de mon Père ? » (Luc 2:49). Jésus savait déjà ce pour quoi Il était là.

• **Jésus annonce son entrée dans sa destinée**

Bien qu'Il connût les raisons de sa venue sur Terre, Il ne commença point son ministère avant d'être baptisé d'eau et d'Esprit. Le jour de son baptême, le ciel s'ouvrit et le Saint-Esprit descendit sur Lui sous la forme d'une colombe et une voix se fit entendre du ciel : « Tu es mon Fils bien-aimé, en toi j'ai mis toute mon affection » (Luc 3:22). Il était alors âgé de 30 ans. Aussitôt après cela, l'Esprit de Dieu le conduisit dans le désert où Il jeûna et pria pendant 40 jours. Durant cette période, le Père et Lui s'entretinrent pour préparer ce à quoi Il était appelé. Cette étape était indispensable pour parfaire sa préparation à l'accomplissement de sa destinée. Durant ce temps de mise à part, le Diable vint le tenter à plusieurs reprises, mais Jésus ne céda point et tint ferme jusqu'au bout. Les Écritures nous disent que lorsqu'Il sortit du désert, Il était revêtu de la puissance du Saint-Esprit et équipé pour commencer son ministère.

Aussitôt, il fit connaître la raison de sa venue. Il entra dans une synagogue où on lui remit le livre du prophète Esaïe, et Il lut devant l'assemblée le passage suivant, comme un discours d'investiture :

> L'Esprit du Seigneur est sur moi, parce qu'Il m'a oint pour annoncer une bonne nouvelle aux pauvres ; Il m'a envoyé pour guérir ceux qui ont le cœur brisé, pour proclamer aux captifs la délivrance, et aux aveugles le recouvrement de la vue, pour renvoyer libres les opprimés, pour publier une année de grâce du Seigneur. (Luc 4:18 à 19)

La suite du texte nous dit :

> Ensuite, Il roula le livre, le remit au serviteur, et s'assit. Tous ceux qui se trouvaient dans la synagogue avaient les regards fixés sur Lui. Alors Il commença à leur dire : **aujourd'hui, cette parole de l'écriture que vous venez d'entendre est accomplie.** (Luc 4:21)

Quand Jésus commença son ministère, ses intentions étaient claires : **révéler le Père**. Personne d'autre que Lui n'était mieux placé pour parler de Dieu le Père, puisque que personne ne connaissait le Père autant que Lui. C'est d'ailleurs ce qu'Il dit à Philippe, l'un de ses disciples, lorsque celui-ci lui demanda : « Seigneur montre-nous le Père et cela nous suffit » (Jean 14:8). Jésus lui répondit :

> Il y a si longtemps que je suis avec vous et tu ne m'as pas connu, Philippe ! **Celui qui m'a vu a vu le Père** ; comment dis-tu : Montre-nous le Père ? Ne crois-tu pas que je suis dans le Père, et que le Père est en moi ? Les paroles que je vous dis, je ne les dis pas de moi-même ; et le Père qui demeure en moi, c'est Lui qui fait les œuvres. Croyez-moi, je suis dans le Père, et le Père est en moi ; croyez du moins à cause de ces œuvres. (Jean 14:9 à 11)

Son ministère sur terre ne dura que trois ans et demi, mais durant ce court temps Il accomplit des signes et des miracles que nul n'avait réalisés avant Lui. Il restaura les cœurs brisés, enseigna sur le Royaume de Dieu, Il guérit les malades, chassa les démons, ressuscita des morts, marcha sur l'eau, changea l'eau en vin, multiplia la nourriture, calma la tempête et bien d'autres choses extraordinaires comme en témoigne la Bible elle-même : « Jésus a fait encore beaucoup d'autres choses ; si on les écrivait en détail, je ne pense pas que le monde même pût contenir les livres qu'on écrirait » (Jean 21:25).

• Jésus accomplit sa mission

Un jour, Jésus se mit avec trois de ses disciples, Pierre, Jacques et Jean, à l'écart sur une haute montagne. Il leur avait promis quelques jours plus tôt que certains d'entre eux ne mourraient point, avant qu'ils n'aient vu le Royaume de Dieu venir avec puissance. Alors qu'ils étaient sur la montagne, un événement surnaturel se produisit :

> Il fut transfiguré devant eux ; son visage resplendit comme le soleil et ses vêtements devinrent blancs comme la lumière. Et voici que Moïse et Elie leur apparurent ; ils s'entretenaient avec lui. Pierre prit la parole et dit à Jésus : 'Seigneur, il est bon que nous soyons ici. Si tu le veux, faisons ici trois abris : un pour toi, un pour Moïse et un pour Elie'. Comme il parlait encore, une nuée lumineuse les couvrit. De la nuée une voix fit entendre ces paroles : 'Celui-ci est mon Fils bien-aimé, qui a toute mon approbation : écoutez-le !' (Matthieu 17:2 à 5)

La transfiguration annonçait la gloire à venir de Jésus en tant que Dieu, le Fils. Cette représentation de Lui dans le futur révéla sa gloire aux disciples qui étaient présents. Le Fils de Dieu est venu sauver l'humanité. La Bible affirme qu'Il est venu non pour être servi, mais pour servir[5]. Toute sa vie a été nourrie par l'amour pour son Père, et pour les hommes. Il expliqua à ses disciples :

> Le Père m'aime, parce que Je donne ma vie, afin de la reprendre. Personne ne me l'ôte, mais je la donne de moi-même ; j'ai le pouvoir de la donner, et j'ai le pouvoir de la reprendre : tel est l'ordre que j'ai reçu de mon Père. (Jean 10:17 et 18)

Le but de sa vie était de servir le Père, en offrant sa vie comme un parfait sacrifice, afin de prendre la sentence qui pesait sur toute l'humanité, et ainsi libérer la création de la mort éternelle. Lorsque Jésus mourut sur la croix, le Diable pensait l'avoir vaincu, alors qu'en réalité, sans le savoir, Il venait de servir les intérêts de Dieu, en le faisant crucifier. N'ayant commis aucun péché pendant sa vie terrestre, la mort ne pouvait pas retenir le Messie. Le 3e jour, Jésus ressuscita des morts et sortit du tombeau. Les principautés, les dominations et les autorités dans les lieux célestes (qui forment le monde des ténèbres) tremblèrent d'effroi lorsqu'ils le virent car à ce moment-là, elles comprirent qu'elles venaient d'être vaincues. De plus, quelques jours avant sa crucifixion, Jésus dit à son Père une phrase qui devrait interpeller tout croyant : « [Père] **Je t'ai glorifié sur la terre, j'ai achevé l'œuvre que tu m'as donnée à faire** » (Jean 17:4). S'Il put faire cette déclaration avec assurance, c'est parce qu'Il savait **clairement** quel était

---

5. « C'est ainsi que le Fils de l'homme est venu, non pour être servi, mais pour servir et donner sa vie comme la rançon de plusieurs » (Matthieu 20:28).

le but de sa vie. Cette mission motiva sa venue sur Terre, détermina le choix des apôtres qu'Il garda auprès de Lui, et **fut un succès** grâce à la coopération qu'Il avait avec le Père et l'obéissance qu'Il Lui vouait. Jésus était tellement passionné par ce qu'Il faisait, qu'Il dit même un jour à ses disciples qui le pressaient de manger : « Ma nourriture est de faire la volonté de Celui qui m'a envoyé et d'accomplir son œuvre » (Jean 4:34). Sa joie était d'accomplir la volonté parfaite de son Père.

Tout le monde s'interrogeait et se demandait par quelle puissance Il parvenait à accomplir tous ces miracles. Un beau jour, Il leur révéla « son secret » :

> En vérité, en vérité je vous le dis, **le Fils ne peut rien faire de Lui-même, Il ne fait que ce qu'il voit faire le Père** ; et tout ce que le Père fait, le Fils aussi le fait pareillement. (Jean 5:19)

Le secret de son succès est dans le fait qu'Il ne prenait aucune initiative de Lui-même, mais qu'Il était parfaitement en accord avec la volonté du Père. C'est pour cela que toutes ses requêtes ont trouvé une réponse favorable. Jésus a été choisi pour une mission bien spéciale : révéler le Père et libérer la création du joug du Diable. L'onction du Saint-Esprit était le moyen par lequel Il opérait pour accomplir cette mission spéciale et agir dans le surnaturel. Il est venu inaugurer un modèle parfait de vie selon Dieu : faire sa volonté. L'homme et la femme qui souhaitent eux aussi, à la fin de leurs jours s'écrier « Tout est accompli », doivent impérativement **découvrir le but de leur création, et faire la volonté de Dieu.** C'est ainsi que le Père sera glorifié, et que leur existence ici-bas aura un réel sens.

- **Jésus : pionnier de la destinée d'un peuple**

Jésus put uniquement accomplir ses miracles parce qu'Il était parfaitement uni avec le Père et parce qu'Il laissait le Saint-Esprit agir puissamment en Lui et au travers de Lui. Les disciples étaient émerveillés par Sa connaissance, Sa puissance et Ses miracles. Un jour Il leur dit pourtant :

> En vérité, en vérité, je vous le dis, **celui qui croit en moi fera aussi les œuvres que je fais et il en fera de plus grandes** parce que je m'en vais au Père ; et tout ce que vous demanderez en mon nom, je le ferai, afin que le Père soit glorifié dans le Fils. Si vous demandez quelque chose en mon nom, je le ferai. (Jean 14:12 à 14)

Par quel moyen les disciples pouvaient-ils accomplir les mêmes choses que Jésus ?

Par la puissance du Saint-Esprit. En effet, si l'on regarde attentivement son parcours, on s'aperçoit que Jésus commença son ministère le jour où la puissance du Saint-Esprit descendit sur Lui. Et, juste avant de les quitter, Il leur fit une promesse :

> **Mais vous recevrez une puissance, le Saint-Esprit survenant sur vous,** et vous serez mes témoins à Jérusalem, dans toute la Judée, dans la Samarie, et jusqu'aux extrémités de la terre. (Actes 1:8)

Le mot grec pour *puissance* est *dunamis* qui forma plus tard en français la racine des mots **dynamique** et **dynamite** : La puissance du Saint-Esprit dans un croyant le rend dynamique et fait de lui de la dynamite.

Les apôtres Pierre, Paul, Jean et les autres, reçurent la puissance du Saint-Esprit comme il leur avait été annoncé, et ils accomplirent des choses extraordinaires qui marquèrent les débuts de l'Église et du christianisme. Le livre des Actes des apôtres relate comment le Saint-Esprit était actif auprès des disciples, pour les accompagner chacun dans la mission qui leur avait été confiée. Le Saint-Esprit était l'*acteur* principal qui faisait l'intermédiaire entre la terre et le ciel. Aujourd'hui encore, le Saint-Esprit est présent et plus que jamais prêt à manifester la personne de Jésus sur terre, en revêtant de sa puissance le peuple de Dieu. C'est d'ailleurs ce que prophétisa le prophète Joël en son temps : « Après cela, je déverserai mon Esprit sur tout être humain ; vos fils et vos filles prophétiseront, vos vieillards auront des rêves, et vos jeunes gens des visions » (Joël 3:1).

4 – Rendre visible ce qui est caché

Le peuple de Dieu a été mandaté pour rendre visible Dieu sur terre, en révélant la nature divine qui est en lui. La Bible dit : « Aussi la création attend-elle avec un ardent désir la révélation des fils de Dieu » (Romain 8:19). Le mot original grec utilisé dans ce passage pour « révélation » est *apokalupsis* qui signifie « usage d'événements par lequel les choses ou la nature de certains, jusqu'ici cachées deviennent visibles à tous. » Une révélation consiste donc à rendre visible une chose qui existait déjà, mais qui jusqu'à présent était invisible aux yeux des hommes.

Afin de se déployer et de révéler la gloire de Dieu, Son peuple doit acquérir une maturité spirituelle suffisante pour prendre conscience de son identité en Christ et de la puissance du Saint-Esprit qui agit en chacun d'eux. Combien d'enfants de Dieu passent à côté de la vie d'impact et d'influence à laquelle ils sont appelés, parce qu'ils n'ont pas conscience de leur véritable identité ?

Au début de son ministère, Jésus a enseigné ses disciples, en leur expliquant qu'ils sont le sel de la terre et la lumière du monde[6]. L'image du sel représente la saveur, le goût que doit apporter un chrétien dans son environnement, dans sa famille, dans son lieu de travail, en manifestant le fruit de l'Esprit, et la *lumière* symbolise le fait d'éclairer ceux qui sont perdus, et qui recherchent la véritable lumière. Imaginez un homme pauvre, sans-le-sou, ayant pour seul bien la maison dans laquelle il vit, héritée de ses parents. Sur l'un des murs du salon se trouve un tableau de plusieurs millions d'euros qui appartient à la famille depuis des générations mais dont il ignore complètement la valeur. Il vivra toute sa vie dans la pauvreté sans jamais réaliser que la solution à son problème était sous ses yeux. Malheureusement, bon nombre de croyants ne réalisent pas l'héritage que Dieu leur a légué pour éclairer ce monde. Ils vivent une vie en-deçà de la vie à laquelle ils sont appelés parce qu'ils n'ont pas conscience de la nature divine qui est en eux. Pourtant, comme nous venons de le voir, la création, c'est-à-dire votre entourage et toutes les personnes que votre destinée touchera d'une manière ou d'une autre, attend avec un ardent désir votre révélation. En d'autres termes, que vous révéliez ce qui est en vous car vous portez peut être la réponse à leurs questions, ou la solution à leurs problèmes. Voyons de quel héritage il s'agit.

---

6. Matthieu 5:13 à 14.

Cet héritage comporte[7] :

- **Une autorité :** le nom de Jésus

> En vérité, en vérité, je vous
> le dis, ce que vous demanderez
> au Père, Il vous le donnera en
> mon nom. Jusqu'à présent vous
> n'avez rien demandé en mon
> nom. Demandez et vous rece-
> vrez, afin que votre joie soit
> parfaite. (Jean 16:24)

- **Un mandat :** proclamer le nom de Jésus au
monde entier

> Allez, faites de toutes les
> nations des disciples, les bap-
> tisant au nom du Père, du Fils
> et du Saint-Esprit, et ensei-
> gnez-leur à observer tout ce que
> je vous ai prescrit. Et voici, je
> suis avec vous tous les jours
> jusqu'à la fin du monde. (Mat-
> thieu 28:19)

---

7. Franck Lefillatre : prédication à l'église de Paris Métropole le 19 mai
2013, sur le site de «l'Église Paris Métropole» : http://www.monegliseapa-
ris.fr/?s=la+r%C3%A9v%C3%A9lation+des+fils+de+Dieu (consulté le 15
octobre 2015).

- **Une arme :** la Parole de Dieu

> Car la Parole de Dieu est vivante et efficace, plus tranchante qu'une épée quelconque à deux tranchants, pénétrante jusqu'à partager âme et esprit, jointures et moelles ; elle juge les sentiments et les pensées du cœur. (Hébreux 4:12)

- **Une puissance :** le Saint-Esprit

> Mais vous recevrez une puissance, le Saint-Esprit survenant sur vous, et vous serez mes témoins à Jérusalem, dans toute la Judée, dans la Samarie, et jusqu'aux extrémités de la terre. (Actes 1:8)

Il comporte également des droits et des devoirs :

▶ **Les droits :**

- Une grâce imméritée : le salut de l'âme, la vie éternelle

- L'autorité du nom de Jésus. Jésus a dit à ses disciples : « Voici, je vous ai donné le pouvoir de marcher sur les serpents et les scorpions, et sur toute la puissance de l'ennemi ; et rien ne pourra vous nuire » (Luc 10:19).

- La protection de Dieu

- La puissance du Saint-Esprit

- La prière : « Et quoi que vous demandiez en mon Nom, je le ferai, afin que le Père soit glorifié par le Fils » (Jean 14:13).

Ces droits sont directement attribués à celui qui accepte Dieu dans sa vie.

► **Les devoirs** :

- L'obéissance

- La sanctification

- La marche par la foi

- La crainte de l'Éternel

- Faire la volonté de Dieu

Lorsque les hommes et les femmes prennent conscience de leur identité en Christ, ils réalisent qu'ils ont des droits et des devoirs qu'ils se doivent d'honorer s'ils veulent accomplir leur destinée. En refusant de faire cas de ces obligations, le croyant s'éloigne des plans de Dieu pour sa vie et par la même occasion, de Dieu Lui-même.

Chapitre 2
D.E.S.T.I.N.E.E

1 – À chacun son histoire

« Et sur Ton livre étaient tous inscrits les jours qui m'étaient destinés avant qu'aucun d'eux n'existe » (Psaume 139:16). L'auteur de la vie a écrit un livre merveilleux qui a pour titre votre nom. Ce livre ne ressemble à aucun autre parce qu'il contient une histoire unique, qui a été écrite sur mesure, rien que pour vous. Sa réalisation doit s'accomplir dans ce temps présent et dans cette génération, car elle contribue elle-même à un grand nombre d'autres histoires. Ainsi, votre histoire imbriquée à celle des autres correspond à une des pièces d'un puzzle que l'on réunit pour former une gigantesque fresque. Cette fresque est une œuvre d'art qui a pour but d'attirer les regards vers Celui qui l'a imaginée. C'est pourquoi de même que toute réalisation porte l'empreinte de son créateur, vous portez celle de votre auteur.

Pendant votre pèlerinage terrestre, vous ne pourrez jamais vivre une aussi belle histoire que celle écrite pour vous parce que tout votre être a été façonné autour d'elle. C'est en donnant vie à chaque mot, à chaque ligne, à chaque chapitre, à chaque événement, à chaque rencontre, à chaque élément qui compose cette histoire, que vous vous sentirez pleinement vivant. Votre caractère, votre origine ethnique, votre culture, votre environnement familial, vos dons et talents et tout ce qui définit votre identité n'ont rien à voir avec le hasard. Ils sont en parfaite concordance avec le projet de Dieu pour votre vie.

Mais c'est à vous de la découvrir et de la réaliser. Pour cela, il est primordial de vous rapprocher de l'Auteur de votre histoire, car il n'y a rien d'automatique. Dieu laisse à chacun le libre arbitre de vivre ou pas l'histoire qu'il a écrite pour lui. C'est votre décision qui déterminera l'histoire que vous écrirez : celle de Dieu ou la vôtre... En effet, nos jours sont comptés et fixés par Dieu, mais les pages du livre de nos vies sont vierges et chaque matin nous les écrivons en fonction des choix que nous faisons.

Une fois par an ont lieu deux grands festivals : l'un à Cannes, en France, et l'autre aux États-Unis, les Golden Globe Awards qui récompensent les meilleurs films de l'année. Au cours de ces cérémonies, le meilleur réalisateur et le meilleur acteur reçoivent un prix pour leur travail. À chaque fois qu'un acteur reçoit une récompense, il remercie de manière quasi systématique le réalisateur parce qu'il sait que c'est grâce au scénario et au rôle qu'il lui a attribué qu'il a pu donner le meilleur de lui-même. Sans nier le fait qu'il ait dû travailler dur et faire preuve de talent pour y arriver, il sait que sa réussite résulte du fait qu'il ait écouté les consignes du réalisateur et qu'il se soit laissé diriger par lui. La collaboration et la bonne entente entre le réalisateur et l'acteur ont permis l'achèvement et le succès du film. Ce sont des éléments totalement invisibles aux yeux du spectateur, mais qui sont les ingrédients de leur réussite.

2 – À chacun sa destinée

Découverte

Etre

Sens

Trajectoire

Influence

Naissance

Emerger

Etoile

Votre **DESTINÉE** consiste à donner vie à l'histoire que le Créateur a écrite pour vous dans le ciel. Sa **DÉCOUVERTE** vous permet de mieux comprendre la personne que vous êtes, et celle qu'Il vous appelle à **ÊTRE**. Elle donne un **SENS** à votre existence en dessinant la **TRAJECTOIRE** parfaite que vous devez emprunter pour réussir votre vie et changer le monde autour de vous en le rendant meilleur. Elle **INFLUENCE** d'autres, en leur montrant qu'eux aussi, leur **NAISSANCE** n'est certainement pas un hasard, mais qu'ils sont sur terre pour **ÉMERGER** et briller comme des **ÉTOILES**.

3 – Savoir qui « je suis », pour savoir « où je vais »

La plupart d'entre vous connaissent l'histoire de Moïse, et comment Dieu l'a choisi pour libérer son peuple qui était esclave en Égypte depuis 40 ans. Un jour, alors qu'il faisait paître le troupeau de son beau-père Jethro, l'Ange de l'Éternel lui apparut et lui dit :

J'ai vu la souffrance de mon peuple qui est en Égypte, et j'ai entendu les cris que lui font pousser ses oppresseurs, car je connais ses douleurs. Je suis descendu pour le délivrer de la main des Égyptiens, et pour le faire monter de ce pays, dans un pays où coulent le lait et le miel (…). (Exode 3:7)

Moïse Lui répondit : « **Qui suis-je**, pour aller vers Pharaon, et pour faire sortir d'Égypte les enfants d'Israël ? » (Exode 3:11). Moïse ne comprenait pas que Dieu l'ait choisi pour cette mission, parce qu'il s'estimait complètement incapable de l'accomplir. L'image qu'il avait de lui-même était altérée par ses faiblesses, ses incapacités et ses échecs. Il se voyait comme un simple berger, un gardien de troupeaux, alors que Dieu le voyait comme un meneur, un libérateur. Pour accomplir ce que Dieu lui demandait, il fallait tout d'abord qu'il comprenne et accepte la manière dont Dieu le voyait, qu'il soit conscient de sa capacité à assumer la tâche confiée avec l'aide de Dieu. Dieu l'avait choisi parce qu'Il savait ce qu'Il avait déposé en lui. En effet, la Bible dit : « L'Éternel ne considère pas ce que l'homme considère ; l'homme regarde à ce qui frappe les yeux mais l'Éternel regarde au cœur » (1 Samuel 16:7).

Lorsque l'on regarde les différents personnages de la Bible, on remarque **qu'à chaque fois que Dieu choisit une personne pour accomplir une mission bien particulière, Il lui révèle d'abord la manière dont il la voit**, c'est-à-dire, qu'Il lui donne sa vraie identité. Celle qu'Il lui a donnée lorsqu'Il l'a créé et non celle que ses parents, ses amis, ses circonstances ou son passé lui ont attribuée. Nous avons l'exemple d'Abraham, le patriarche. Quand Dieu lui annonce à quoi Il l'a destiné, Il lui dit : « On ne t'appellera plus Abram ; mais ton nom sera Abraham[1], car je te rends père d'une multitude de Nations. » (Genèse 17:5). Le nom qu'Il lui donne correspond à sa nouvelle identité. Sa nouvelle identité selon le regard de Dieu, et non celui des hommes. On le voit aussi avec Gédéon. Lorsque Dieu se présente à lui, Il l'appelle « vaillant héros », alors que lui et son peuple subissent l'oppression du peuple Madianite. Dieu le voit comme un chef de guerre, un guerrier capable de terrasser ses oppresseurs, alors que lui ne se voit pas du tout comme cela : « *Ah mon Seigneur, avec quoi délivrerai-je Israël ?* Voici, ma famille est la plus pauvre en Manassé, et je suis le plus petit dans la maison de mon père » (Juges 6:15). De même avec David, Dieu choisit de faire de lui un roi en remplacement du roi Saül, alors qu'il n'était qu'un simple berger âgé de 17 ans[2]. D'ailleurs, je suis convaincu que c'est parce que David savait qu'Il était destiné à être roi, qu'Il puisa en lui la force et l'audace pour aller combattre le géant Goliath[3]. Il savait que Dieu était avec lui, mais le fait qu'il accepte de se voir comme Dieu le voyait (comme un roi) lui procura très certainement une force supplémentaire.

---

1. Abram signifie « Père élevé », et Dieu change Abram en AbraHam qui signifie « Père d'une multitude ». Il introduit la lettre **H** au milieu de son nom qui correspond à la lettre de la création.
2. 1 Samuel 16:12.
3. L'histoire de David et Goliath est évoquée dans le Premier livre de Samuel : « Le peuple d'Israël est en guerre contre les Philistins. Alors que les deux armées se font face, Goliath, un géant Philistin de près de trois mètres de haut, vient tous les jours insulter l'armée adverse. Tout le monde a peur de le combattre, sauf David qui le tue à l'aide d'un simple lance-pierres » (1 Samuel 17).

Peut-être que vous aussi, comme Moïse, Gédéon et bien d'autres encore, vous vous sentez totalement incapable d'accomplir ce que Dieu a prévu pour vous. Quelle que soit *la mission* qu'Il vous a confiée, ne vous inquiétez pas, mais faites-Lui totalement confiance, parce que c'est Lui qui vous en rend capable. Comme aime le répéter souvent l'un de mes amis : « **Dieu n'appelle pas des gens qualifiés, mais Il qualifie ceux qu'Il appelle.** » Toutefois, pour être bien sûr de votre appel, il faut au préalable que vous saisissiez et surtout que vous acceptiez votre identité de fils ou de fille de Dieu. C'est en l'acceptant que vous commencez à vous voir comme Lui vous voit, et que vous prenez conscience de qui vous êtes en Christ. Cette simple acceptation ouvre les portes de votre destinée.

Comme nous l'avons vu au chapitre 3, Dieu créa l'homme à son image, à sa ressemblance. La Bible dit : « Puis Dieu dit : 'Faisons l'homme à notre image, **selon notre ressemblance**' (…).

Dieu créa l'homme à son image, Il le créa à l'image de Dieu, Il créa l'homme et la femme » (Genèse 1:26 et 27). Dans ce passage, le mot original utilisé en hébreu pour « image » est « *tselem* ». « *Tselem* » signifie image, mais également ombre. À l'origine, l'Homme fut créé comme l'ombre de Dieu. Bien que le péché soit venu ternir cette identité originelle, Dieu veut que l'Homme revienne à son image d'origine, avant la chute d'Adam et Ève. Pour cela, il faut qu'il découvre son identité en Lui, en se rapprochant à nouveau de la source, afin de la refléter pleinement et redevenir ainsi l'ombre de Dieu. Plus il en est éloigné, moins il Lui ressemble, et moins il reçoit de Sa lumière, et donc de Sa vie. Plus il en est proche, et plus il découvre qui il est. C'est dans cette intimité qu'il pourra, comme

Moïse, lui demander « **Qui suis-je ?** ». C'est uniquement lorsqu'il comprendra qui il est, qu'il découvrira ce à quoi il est destiné.

C'est lorsque l'on découvre l'appelant, que l'on découvre son appel et c'est alors que le Saint-Esprit réveille l'histoire qui est en nous. L'un ne va pas sans l'autre.

4 – La destinée : une semence divine

La Bible nous rapporte que trois jours après avoir créé le monde, Dieu dit :

> « **Que la terre produise** de la verdure, de l'herbe portant de la **semence**, des arbres fruitiers donnant du fruit selon leur espèce et ayant en eux leur **semence** sur la terre. Et cela fut ainsi. La terre produisit de la verdure, **de l'herbe portant de la semence selon son espèce, et des arbres donnant du fruit et ayant en eux leur semence selon leur espèce.** » (Genèse 1:11 à 12)

C'est premièrement dans la terre que Dieu déposa des **semences** et Il lui ordonna qu'elle produise de la semence à son tour. Puis le sixième jour, **Il forma l'Homme à partir de la terre.** La Bible dit :

> « L'Éternel Dieu forma l'homme **de la poussière de la terre**, il souffla dans ses narines un souffle de vie et l'homme devint un être vivant ». (Genèse 2:7)

Issu de la terre, l'Homme porte en lui les semences que Dieu y a placées lors de la Création. Comme la terre, il a en lui les capacités de produire la vie à son tour, c'est-à-dire de porter du fruit. C'est gravé en lui. La nature nous prouve qu'aucune vie n'est possible sans qu'il y ait eu au départ une semence. Ainsi, toute personne qui donne vie, tant à un nouveau-né qu'aux rêves et projets que Dieu a inscrits dans son cœur, répond sans toujours s'en rendre compte au premier ordre que Dieu donna aux Hommes « Soyez féconds » (Genèse 1:28). Autrement dit : « Donnez vie aux semences que J'ai placées en vous ». **Certaines semences produisent la vie humaine, tandis que d'autres produisent la vie divine.**

• Similitude entre l'Homme et la terre

Il est intéressant d'observer qu'il existe un rapport très fort entre la terre et l'Homme. En effet, lorsque l'on regarde les ingrédients indispensables pour obtenir **des fruits de qualité**, on sait qu'il faut avoir une **bonne terre**, suffisamment **arrosée** et bien **ensoleillée**. Sans cela, il est impossible aux semences d'éclore, elles finissent par étouffer et mourir. Il en est de même pour l'Homme. Pour qu'il puisse donner vie aux rêves que Dieu a déposés en lui, il lui faut :

- Une bonne terre : c'est-à-dire un cœur sain.

- De la pluie : la pluie du Saint-Esprit pour le conduire, l'inspirer, le rendre capable.

- Du soleil : Jésus, la lumière du monde, est Celui qui lui montre le chemin à suivre.

5 – Caractéristiques de la destinée

• La destinée est un voyage

La destinée est la conscience d'une destination innée en vous, d'un endroit où vous devez absolument vous rendre. C'est un endroit où Dieu veut vous conduire afin de s'y révéler d'une manière spéciale, en vous et à travers vous. C'est une aventure qui transforme le voyageur en explorateur de la vie, de Dieu, de lui-même, et du monde qui l'entoure. Lors de ce périple, le plus important n'est pas seulement la destination à atteindre, mais surtout l'art et la manière d'y parvenir. Chaque étape vous rapproche du cœur de Dieu, et vous permet de le découvrir et de le connaître intimement. Elle vous permet également de libérer les trésors qui ont été déposés en vous, et ainsi d'en faire bénéficier aux autres.

La vision de la destination vous amène à prendre des décisions et à faire des choix pour y arriver. Plus tôt vous la découvrez, mieux c'est pour vous, car vous avez alors la possibilité de faire relativement tôt de bons choix et de prendre de bonnes décisions. Au cas où vous ne la connaîtriez pas encore, n'ayez crainte, nous verrons dans le prochain chapitre comment la découvrir. Mais une chose est sûre, vous n'aurez jamais une vision complète et détaillée de votre voyage. Le Saint-Esprit définit la feuille de route, ainsi que les étapes, et c'est à vous d'être attentif pour suivre Sa direction. D'ailleurs, vous verrez que dans certains cas, il est même préférable de ne pas connaître tous les détails, sinon vous serez découragé avant même de commencer. Rappelez-vous par exemple les histoires de Joseph et du roi David. À 17 ans, le premier eut deux rêves, et le second fut oint pour être roi. Pourtant, il s'écoula 13 ans avant que chacun d'eux voie la concrétisation de ce qu'ils avaient reçu, et durant toutes ces années, leur vie fut tout sauf un long fleuve tranquille. Mais avec le recul, on s'aperçoit que ce processus les a préparés à assumer plus tard les hautes responsabilités qui devinrent les leurs. Par ailleurs, une comparaison peut être faite avec les anciennes montgolfières qui avaient besoin pour prendre de l'altitude que le pilote allège la nacelle en détachant ou en jetant par-dessus bord les sacs de sable qui la maintenaient à une certaine hauteur. Plus la nacelle était légère, plus la montgolfière pouvait s'élever dans les airs et se rapprocher du ciel. Pour atteindre votre destination, vous allez aussi devoir jeter par-dessus bord les bagages qui vous empêchent de prendre de la hauteur. Pour certains, il s'agira de tourner la page sur un passé douloureux, pour d'autres sur un manque de confiance en soi, pour d'autres de mettre de côté son orgueil ou pour d'autres encore de décider d'abandonner certaines fréquentations, etc. Il faudra apprendre à ne plus compter sur ses propres forces, mais sur le feu du Saint-Esprit qui soufflera dans vos voiles, comme le brûleur de la montgolfière, afin de vous élever vers une nouvelle dimension.

À la fin du voyage, vous ne serez plus du tout la même personne. La transformation est telle qu'il est possible de distinguer une personne qui est dans sa destinée de celle qui ne l'est pas. Celle qui marche dans sa destinée est passionnée par ce qu'elle fait, elle communique ce feu et cette passion aux gens autour d'elle, et elle est *connectée* à Jésus, parce qu'elle sait que sans Lui elle ne peut rien faire : « Celui qui demeure en moi [Jésus] et en qui je demeure porte beaucoup de fruit, car sans moi vous ne pouvez rien faire » (Jean 15:5). Elle a désormais conscience que sa vie participe à l'accomplissement d'un plan beaucoup plus grand qu'elle, d'un plan divin.

- **La destinée donne un sens à votre vie**

La destinée est le plus beau des voyages, elle est comme un parfum de bonne odeur, elle donne de la saveur à la vie, **c'est le sel de la vie.**

Le sel a plusieurs fonctions :

- Il donne du goût aux aliments

- Il conserve les aliments

- Il fait fondre la glace et le verglas sur les routes, en période hivernale

Ces trois caractéristiques du sel nous donnent une image de ce que la destinée est capable de produire dans votre vie.

- La destinée donne du **goût, de la saveur** à votre vie. Votre vie devient passionnante.

- La destinée vous empêche de laisser « **pourrir** » les dons et les talents que Dieu a placés en vous. Vous les exercez, les développez et les utilisez à leur plein potentiel.

- La destinée fait **fondre** les obstacles et les difficultés de la vie. Chacun de vos pas est sûr parce que vous marchez sur LE chemin qui a été spécialement préparé pour vous. Cela ne veut pas dire que vous n'aurez pas de difficultés, mais les épreuves et les circonstances que Dieu permettra contribueront à votre épanouissement, et donc à votre destinée. À chaque fois que vous surmontez une difficulté, vous vous rapprochez du but. Tout comme Joseph. Les épreuves par lesquelles il est passé lui ont permis de passer d'une dimension à une autre. Le fait de vivre ce pour quoi vous êtes né vous insuffle une passion et une force pour avancer même quand tout va mal.

- La destinée : la réelle projection de vous en Christ

Quand Dieu vous appelle, Il ne regarde plus à ce que vous étiez, mais Il voit la personne qu'Il vous a appelée à être, et ce qu'Il a déposé en vous. La Bible nous dit : « Si quelqu'un est en Christ, il est une nouvelle créature. Les choses anciennes sont passées ; voici, toutes choses sont devenues nouvelles » (2 Corinthiens 5:17). C'est pour cela que, lorsque Dieu vous révèle votre destinée, vous pouvez avoir l'impression que cela s'adresse à une autre personne, tellement cela peut vous sembler irréaliste et invraisemblable. Certaines personnes pensent même que cela n'est pas pour elles, parce qu'elles regardent à elles-mêmes, à leurs limites et à leurs incapacités, alors que Dieu les voit autrement.

Chapitre 3
Découvrir votre destinée

1 – Tout le monde rêve

Des plages de Dakar au Sénégal où très tôt le matin de jeunes garçons s'entraînent à la lutte sénégalaise dans l'espoir de devenir le prochain héros national, à Moscou où de jeunes filles s'exercent pendant des heures et des heures à la danse classique auprès des plus grands professeurs au monde, ou bien à Paris, capitale de la gastronomie, où de nombreux cuisiniers, amateurs et professionnels, viennent parfaire leurs techniques dans l'espoir de devenir des chefs reconnus… tout le monde a des rêves au plus profond de son cœur. Le coach Tony Stoltzfus a dit :

> Les rêves sont puissants. Les rêves, et ceux qui rêvent, peuvent changer les cultures, relever des nations, et déplacer des montagnes. Les rêves animent nos cœurs avec une énergie passionnée, nous poussent à l'action, et nous offrent l'espoir qu'un futur meilleur n'est pas

seulement possible, mais impératif. Les rêves sont des images
de nos passions projetées dans
le futur[1].

Parmi la multitude de rêves que vous pouvez avoir, il y en a un qui se démarque des autres. Celui qui fait battre votre cœur d'une manière toute particulière. Il est ancré en vous car il correspond à votre véritable histoire, celle qui a été écrite en vous par le Créateur, avant même votre naissance.

Il se peut que l'histoire que Dieu a écrite pour vous se présente sous la forme d'un rêve enraciné depuis toujours. Autour de ce rêve gravitent un grand nombre d'autres « petits » rêves qui sont comme des étapes qui vous rapprochent de lui, et chaque étape vous change, et ce changement vous prépare et vous rend capable d'accomplir le rêve de votre vie. **En effet, vous ne pourrez jamais réussir si vous n'êtes pas transformé à la taille de votre rêve**. Le rêve de Dieu pour votre vie, c'est que vous deveniez la personne qu'Il a créée. Cette transformation s'opère alors que vous donnez vie aux rêves qu'Il a déposés en vous, et cela apportera un changement dans votre vie, dans celle de vos proches, et certains iront jusqu'à changer le monde. Toutes les personnes qui ont accompli leur rêve ont dû être transformées pour l'accomplir. Que ce soient les hommes politiques, les sportifs, les chefs d'entreprise, les artistes et tout autre individu expert dans son domaine. À plusieurs reprises, les Écritures soulignent cette transformation. Dans le cas de Jésus par exemple, la Bible nous dit « Il croissait

---

1. Tony Stoltzfus : *Christian Life Coaching Handbook: Calling and Destiny Discovery Tools for the Christian Life Coaching*, Ed. Coach 22 Bookstore LLC, USA, p. 124.

et se fortifiait »[2], et pour l'apôtre Paul « il se fortifiait de plus en plus »[3]. Ces simples indications nous permettent de comprendre qu'ils ont tous les deux été transformés pour accomplir la mission que le Père leur avait confiée. Il en sera de même pour vous, **vous devez être transformé à la hauteur de vos ambitions.**

2 – Les rêves de Dieu pour votre vie

« Le rêve est une représentation de l'avenir qui stimule l'esprit, la volonté et les émotions, qui rend la personne capable de faire tout en son pouvoir pour le réaliser. » John Maxwell.

• Les rêves issus du sommeil

Comme Joseph, qui à deux reprises a eu un songe, il est possible que votre destinée vous soit révélée au travers d'un ou de plusieurs songes. Le songe est un moyen par lequel Dieu manifeste parfois sa volonté ou révèle l'avenir dans le but d'éclairer une personne[4].

À chaque fois que ce rêve revient, il a une résonance toute particulière en vous parce qu'il correspond à ce que vous êtes appelé à accomplir. Il se distingue des autres, car le simple fait d'y penser réveille en vous une flamme, une passion. Cela peut aller du petit garçon qui rêve régulièrement qu'il est pompier et qu'il sauve des vies, à la

---

2. Luc 2:40.
3. Actes 9:22.
4. Sur le site de «Église catholique en France» : http://www.eglise.catholique.fr/glossaire/songe/ (consulté le 16 mars 2016).

petite fille qui se voit ouvrir un orphelinat pour secourir les enfants. Ces rêves les poursuivront tout au long de leur vie. Il ne s'agit donc pas ici de simples rêves d'enfants, qui changent et évoluent en fonction de l'âge, mais bel et bien de l'histoire de leur vie. Une fois adulte, vous observerez qu'ils lui donneront vie. Et pour ceux qui ne le feront pas, vous constaterez comme une frustration en eux de ne pas avoir réalisé ce qui leur tient vraiment à cœur. Mais fort heureusement, il n'est jamais trop tard pour commencer.

• Les rêves ancrés en vous

Sachez que bien souvent, les rêves que vous avez au fond de votre cœur, et qui reviennent constamment, sont des rêves que Dieu a placés en vous et qu'Il souhaite vous voir accomplir, parce qu'ils ont le pouvoir d'amener un changement, et au travers de cela, de Le révéler. Il est vrai que parfois, certains peuvent en douter, parce que leurs rêves semblent éloignés de l'image traditionnelle et religieuse qu'ils peuvent avoir de Dieu. Mais il ne faut surtout pas mettre Dieu dans une boîte. La Parole nous dit que toutes choses ont été créées par Lui et pour Lui[5]. Il a inspiré les arts, la musique, le chant, la danse, la médecine, le commerce, la construction, l'innovation, les langues et toutes les disciplines humaines et ce n'est pas parce que certaines personnes ont détourné ou perverti des choses qui étaient bonnes au départ, qu'il faudrait tout rejeter en disant que cela ne vient pas de Dieu. Néanmoins, il est aussi possible que certains de vos rêves ne soient effectivement pas de Dieu, donc pour être sûr d'être dans sa volonté, il est nécessaire d'avoir du discernement, de passer ses rêves au crible

---

5. Romain 11:36.

de la Parole de Dieu, de regarder ce qui motive ce rêve à savoir si le but est de servir Dieu ou sa gloire personnelle, et de prier, pour distinguer ceux qui sont de Lui, de ceux qui ne le sont pas. Lorsque vous les aurez identifiés, Dieu viendra vous les confirmer par la suite.

Une des erreurs que vous pouvez commettre est de foncer tête baissée en étant convaincu que votre rêve est de Dieu, pour finalement vous rendre compte que ce n'était pas le cas. Comme disait le roi Salomon : « Il y a dans le cœur de l'homme beaucoup de projets, mais c'est le dessein de l'Éternel qui s'accomplit » (Proverbes 19:21). En tout cas, quand cela vous arrive, il ne faut surtout pas vous arrêter de rêver, mais au contraire, utiliser cette déconvenue pour apprendre de vos erreurs et se remettre en selle.

• **La force d'une vision**

Plus votre vision est claire, plus elle crée en vous une énergie et une puissance pour la réaliser. Elle vous aide à prendre très tôt les décisions appropriées, à faire les bons choix concernant vos études ou telle activité, à vous concentrer sur les choses essentielles, à ne pas vous éparpiller, ni à gaspiller votre temps et votre énergie dans toutes sortes de choses sans réel intérêt. Elle vous donne une direction et un but à atteindre.

Une vision peut être personnelle mais également collective. Si vous avez conscience que vous ne pourrez jamais y arriver seul, n'hésitez pas à partager votre vision avec des personnes qui ont la même façon de voir les choses que vous. Lorsque vous partagez votre vision avec une personne ou un groupe, il y a plusieurs réactions possibles :

- Certaines personnes embrassent votre vision et veulent y participer parce qu'elle correspond à des choses qui leur tiennent à cœur, ou parfois même, dans certains cas, elles avaient la même vision que vous mais n'osaient pas se lancer.

- Certaines personnes adhèrent à votre vision, parce que c'est vous qui la portez. Elles suivent donc plus le porteur du projet que la vision en elle-même, mais elles ont une telle confiance en vous qu'elles veulent faire partie de l'aventure.

- Certaines personnes ne croient pas du tout à votre vision. À leurs yeux, elle peut sembler farfelue, irréalisable ou bien au-delà de vos compétences. Si vous n'êtes pas convaincu de votre projet, leurs remarques peuvent vous décourager, voire même tuer votre vision. Néanmoins, il est toujours intéressant d'avoir plusieurs avis, car cela peut vous permettre de mettre en évidence des choses auxquelles vous n'auriez peut être pas pensé. Si vous êtes responsable d'une organisation par exemple, il est important de partager votre vision avec vos équipes afin qu'elles adhèrent à votre projet et c'est intéressant d'écouter leurs propositions quant à sa mise en place.

Beaucoup ont commencé seuls parce que personne ne croyait à leur vision au départ, pour finalement se rendre compte qu'ils avaient raison. C'est la force des visionnaires. Voir avant les autres, au-delà des limites du raisonnable pour le commun des mortels.

Vous serez surpris de voir que la destinée de certaines personnes est liée à votre vision. Votre vision est comme un puzzle, et chaque personne qui y adhère est une pièce de ce puzzle. Plus votre vision est grande, plus vous aurez besoin de vous entourer d'une équipe. Il faut bien choisir les personnes avec lesquelles vous allez travailler car il est très important de toujours se rappeler que c'est dans l'unité d'action que la puissance se manifeste.

- **Quelques questions pour vous aider à découvrir votre destinée**

    - Connaissez-vous le but de votre vie ? Si oui, lequel ?

    - Pensez-vous avoir commencé à écrire « votre histoire » ?

    - Avez-vous le sentiment d'être la personne que vous devriez être ? Si non, pourquoi ?

    - Quels sont les rêves ancrés au fond de votre cœur qui reviennent constamment ?

    - Si vous en aviez la possibilité, qu'est-ce que vous aimeriez réaliser plus que tout ?

3 – La passion et les talents : éléments révélateurs de la destinée

• **Qu'est-ce que la passion ?**

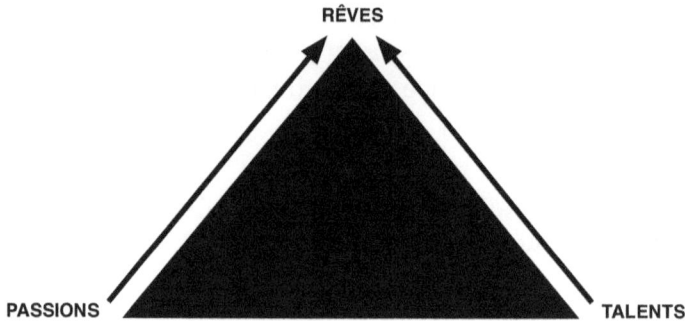

La passion est le fuel, l'énergie qui vous donne la force d'accomplir ce pour quoi vous avez été créé. Elle communique ainsi à votre esprit la motivation et la détermination nécessaire pour poursuivre votre rêve, en refusant la frustration d'une vie monotone et terne. Elle agit comme un carburant en vous donnant l'énergie et la volonté de relever les défis, de surmonter les obstacles et les épisodes de découragement qui pourront venir se dresser devant vous.

Une vision qui vient de Dieu vous demande tellement d'engagement, d'implication et de sacrifices que celle-ci sera forcément en lien direct avec votre passion. **Lorsqu'Il vous a créé, Il a déposé en vous une passion correspondant à votre appel.**

L'une des premières étapes à effectuer pour découvrir vos rêves consiste donc à trouver quelles sont vos passions, puis dans un second temps, à rechercher quels sont vos talents.

Même si vous connaissez déjà vos rêves, vous pencher sur vos passions et vos talents peut vous amener à développer la compréhension de votre rêve et également vous aider à reconnaître vos forces et identifier vos faiblesses pour la poursuite de ce rêve.

- **Comment reconnaître vos passions ?**

Les passions sont directement reliées au cœur et aux émotions. La passion est une émotion qui soulève en vous de l'enthousiasme, voire de l'excitation à chaque fois que vous la pratiquez, en parlez et y pensez. Lorsque vous pratiquez cette activité et qu'elle est une passion, votre cœur s'enflamme, vous êtes comme un poisson dans l'eau, vous ne voyez plus le temps passer. Jouer d'un instrument de musique, pratiquer un sport, voyager, bricoler, restaurer une maison, régler un problème, étudier une langue étrangère, travailler, enseigner, aider les autres, ne sont que quelques exemples parmi tant d'autres. Vos passions vous poussent à réaliser les désirs, les aspirations, les souhaits, les ambitions qui sont ancrés dans votre cœur, c'est-à-dire : vos rêves.

Voici quelques questions pour vous aider à bien identifier vos passions. Prenez le temps d'y répondre, même si les réponses vous semblent parfois évidentes, car il y a certaines choses que vous aimez et cela vous semble tellement naturel que vous ne vous rendez même pas compte que ce sont vos passions.

- **Quelques questions pour vous aider à découvrir vos passions**

  - Qu'est-ce que vous aimez faire ? (Dressez une liste de vos réponses par ordre de préférence)

  - Quelles activités pouvez-vous pratiquer sans voir l'heure passer ?

  - Quel serait le métier de vos rêves ? Pourquoi ?

  - Quel genre de livres, de films ou d'émissions de télévision vous intéressent ? Pourquoi ?

  - Quel genre d'hommes ou de femmes vous inspirent ? Pourquoi ?

  - En général, que faites-vous pour chasser l'ennui ? Pourquoi ?

  - Si vous demandiez à vos proches de vous décrire, par quoi diraient-ils que vous êtes passionné ?

4 – Les frustrations

Certaines de vos affections et de vos frustrations peuvent être des indicateurs de votre vocation, des révélateurs de ce à quoi Dieu vous appelle. Les causes de cette frustration peuvent être internes ou externes.

Une « frustration externe » naît du fait que certaines situations que vous avez vécues personnellement, ou que vous voyez autour de vous, vous touchent tout particulièrement. On peut même dire que dans certains cas, elles vous révoltent et vous mettent face à quelque chose que vous aimeriez voir changer.

Une « frustration interne » naît du fait qu'il y a une *collision* entre la vie que vous vivez et celle à laquelle vous aspirez ou à laquelle vous avez été appelé. Dans ce cas-là, vous pouvez avoir une très bonne situation professionnelle, de très bons revenus et tout pour être heureux, mais vous ressentez une profonde insatisfaction lorsque vous regardez votre vie parce qu'elle n'est pas en accord avec le script qui est inscrit en vous. En 1950, lors d'un voyage missionnaire en Inde, Mère Teresa fut frappée de voir les rues de Calcutta jonchées de mendiants, d'orphelins et de malades. La misère et la condition de ces pauvres gens l'affectèrent à un point tel qu'elle décida de consacrer sa vie à secourir ces malheureux mis au banc de la société. Après avoir été religieuse de l'ordre missionnaire des sœurs de Notre-Dame de Lorette (dès 1929), elle quitta cette communauté en 1949 à l'âge de 39 ans pour « **suivre son appel** » et fonder sa propre congrégation en 1950[6]. Elle créa plusieurs structures pour accueillir les oubliés du système, les mal aimés, les pauvres et les opprimés. Ses débuts en tant que sœur l'avaient prédisposée à emprunter ce chemin, mais il fallut ce voyage en Inde pour que le déclic se fasse et qu'elle découvre « *son appel* ». Dès lors, plus rien d'autre ne comptait plus pour elle. Son amour et son cœur pour les autres, son courage, sa persévérance, sa force de caractère, sa sensibilité et sa foi en l'impossible lui permirent de réaliser son rêve : secourir les pauvres, construire des orphelinats, scolariser les enfants des rues, accueillir les parias de la société, les lépreux et les personnes atteintes du

---

6. Sur le site de «Wikipédia» : https://fr.wikipedia.org/wiki/M%C3%A8re_Teresa (consulté le 02 octobre 2015.

sida. Sa frustration était un indicateur de ce à quoi elle était appelée. Elle nous a quittés en laissant derrière elle un bel héritage. La congrégation compte à ce jour 4500 personnes réparties un peu partout dans le monde et s'occupe d'environ 610 missions dans 123 pays. Qui aurait osé imaginer à l'époque que cette femme d'apparence fragile créerait une organisation aussi importante qui transformerait les vies de millions de gens ?

- **Quelques questions pour vous aider à découvrir vos frustrations**

   - Qu'est-ce qui me frustre (interne) ?

   - Qu'est-ce qui me touche ou me révolte (externe) ?

   - Qu'est-ce que j'aimerais voir changer en moi et/ou autour de moi ?

   - Qu'est-ce que je vois, mais que les autres ne voient pas ?

5 – Les autres canaux par lesquels Dieu révèle la destinée

En plus des différents moyens évoqués plus haut, Dieu peut également vous révéler votre destinée des manières suivantes :

• Par la Parole de Dieu

En lisant la Parole Dieu, vous pourriez être amené à recevoir la révélation de votre appel. Vos yeux restent fixés sur un passage en particulier, et vous le lisez et le relisez encore, jusqu'à ce qu'il s'imprègne dans votre esprit. Pour certains, la conviction sera immédiate, tandis que pour d'autres cela viendra s'affermir au fil des jours, voire des semaines, mais une chose est sûre : vous savez que Dieu vous a parlé. Dieu confirme toujours sa Parole, Il viendra donc certifier cette conviction dans votre cœur.

C'est d'ailleurs ce qu'il m'est arrivé concernant l'écriture de ce livre. J'avais déjà travaillé sur quelques projets d'écriture, mais je n'avais jamais écrit mon propre livre. Mais voilà, ce désir se faisant de plus en plus pressant sur mon cœur, j'ai donc fait la prière suivante à Dieu : « Père, confirme-le-moi, si tu veux que j'écrive ». Une pensée me vint à l'esprit de lire Habakuk au chapitre 2.

J'ouvrai alors ma Bible, commençai à lire, et tombai sur le passage suivant : « L'Éternel m'adressa la parole et Il dit : Écris la prophétie : grave-la sur des tables, afin qu'on la lise couramment » (Habakuk 2:2). J'eus alors la conviction que le moment était venu pour moi d'écrire ce que Dieu avait placé dans mon cœur.

• Au travers des pensées

Les pensées sont le principal moyen que Dieu utilise pour communiquer avec ses enfants. Au début de la foi, il peut être difficile de discerner la pensée de Dieu de votre propre pensée. Mais en apprenant à écouter la voix de Dieu, votre esprit devient de plus en plus sensible, et parvient à distinguer la pensée qui vient de Lui.

• Par la prophétie

Dieu peut vous révéler votre destinée au travers d'une parole prophétique. Cette parole vient confirmer un désir que vous aviez sur le cœur. Elle fortifie votre foi car elle valide les aspirations que vous aviez comme venant véritablement de Dieu. Cette confirmation vous donne l'assurance que vous pouvez désormais y aller, en tenant compte du temps de Dieu.

Dieu peut également utiliser la parole prophétique pour vous annoncer des choses qu'Il a prévues pour vous dans le futur, mais que vous ignoriez complètement. Il vous les annonce à l'avance, afin de vous préparer pour que lorsque ces choses arriveront, vous sachiez qu'elles viennent bien de Lui. Il arrive qu'à l'écoute de certaines prophéties, vous soyez perplexe car parfois cela peut vous sembler hors de votre portée et donc impossible à réaliser. Comme nous l'avons déjà vu, Dieu ne vous voit pas comme vous vous voyez, et surtout il ne faut jamais oublier que c'est Lui qui vous rend capable. Lorsque vous recevez cette parole, vous êtes peut être à mille lieues d'être la personne que l'on vous dit que vous serez, vous êtes peut-être comme le roi David qui, avant d'être oint pour roi, n'était qu'un simple berger. Dieu est capable de faire de grandes choses au travers de votre vie. Par conséquent, lorsque vous recevez ces paroles, notez-les quelque part, afin de vous les rappeler plus tard. Si cela vient vraiment de Dieu, Il confirmera sa Parole. En effet, il est vrai qu'il est sage de toujours s'assurer que la parole qui vous a été dite vient réellement de Dieu.

Voici ce que dit la Bible : « Bien-aimés, n'ajoutez pas foi à tout esprit ; mais éprouvez les esprits, pour savoir s'ils sont de Dieu, car plusieurs faux prophètes sont venus dans le monde » (1 Jean 4:1).

Voyons ensemble un exemple de parole prophétique qui a propulsé une amie dans sa destinée :

Sophie[7] devait terminer son Master 2 en Droit dans moins de deux mois. Elle s'était inscrite quelques mois plus tôt dans une école de Droit international en Suisse afin de faire une année supplémentaire, et éventuellement continuer vers un doctorat. Mais plus l'échéance approchait, moins elle était en paix avec son choix. Ne voulant pas se tromper, elle mit cela en prière pendant plusieurs semaines afin de recevoir une direction claire du Seigneur concernant son avenir. Mais les jours défilaient et elle n'avait toujours pas reçu de confirmation, ni de direction claire concernant son avenir. À quelques semaines de la fin de son master, elle pria Dieu, et lui demanda avec insistance de lui répondre avant la fin du week-end, parce qu'il fallait qu'elle commence à préparer son départ pour la Suisse. Ce week-end là, alors qu'elle assistait à un mariage, elle reçut une parole prophétique de son voisin de table, qu'elle rencontrait pour la première fois, et qui avait reçu un message pour elle de la part de Dieu. Il lui dit : « J'ai le sentiment que tu es à la croisée des chemins et que tu ne sais pas quelle direction tu dois prendre. Je vois que tu hésites entre deux choix : celui de partir à l'étranger ou celui de rester à Paris. D'ailleurs, tu as déjà commencé à préparer ton départ à l'étranger. Mais je sens que Dieu veut que tu restes à Paris parce qu'Il a prévu beaucoup de choses pour toi ici. Si tu marches dans l'obéissance, Il t'ouvrira de grandes portes à Paris ». Elle était stupéfaite et impressionnée par la justesse de la prophétie. Elle était touchée de voir que Dieu avait entendu ses prières et avait pris la peine d'envoyer quelqu'un pour lui parler. Cette parole dissipa la confusion qui avait pris place dans son cœur, et lui amena la paix. Elle abandonna

---

7. Le prénom a volontairement été changé.

son projet de départ en Suisse et décida de rester à Paris. Elle finit son Master 2 major de sa promotion. Durant l'été, une grande organisation internationale la contacta pour lui proposer d'effectuer un stage, ayant trouvé son CV sur une base de données interne. À l'issue de son stage, sa responsable lui fit une proposition d'embauche, qu'elle accepta. Elle se vit confier de grands projets d'envergure internationale et son périmètre de responsabilités ne cessa de s'élargir miraculeusement durant ses années de travail avec l'organisation internationale. La parole prophétique qu'elle avait reçue lui permit de faire le bon choix.

• Par le discernement

Il est compliqué d'avancer dans la vie sans but, sans avoir une direction claire. Le discernement vous permet de distinguer clairement les choses aussi bien dans le monde physique que spirituel. Il vous apporte un éclairage et vous permet de sentir, de percevoir la direction que vous devez prendre. Il vous permet d'être pragmatique et de viser juste. Gardez toujours à l'esprit que, comme l'a si bien dit l'apôtre Paul, « Dieu a préparé des choses pour vous que l'œil n'a pas encore vues, que l'oreille n'a pas encore entendues, et qui ne sont point encore montées dans votre cœur »[8].

Aussi, l'une des clés dont dispose le croyant pour sortir de la confusion et discerner clairement ce que Dieu a prévu pour sa vie, est la prière par l'Esprit, c'est-à-dire la prière *en langues*. Lorsqu'il prie en langues, son esprit intercède à sa place, et le Saint-Esprit télécharge dans son esprit des mystères et des révélations du ciel pour sa vie, comme s'il

---

8. 1 Corinthiens 2:9 et 10 (Volontairement paraphrasé).

y avait une synchronisation entre la terre et le ciel. Plus il prie en langues, plus son esprit discerne les plans et les projets divins concernant son avenir.

• Par la voix audible de Dieu

Quelques personnes ont le privilège d'entendre clairement la voix de Dieu. Cela est principalement dû à leur appel qui requiert d'entendre certaines choses directement de la part de Dieu. Certaines promesses, certaines « prédictions » ne peuvent être crues que si on les entend directement de Dieu.

6 – Le déroulement d'une destinée

« *I have a dream.* » Martin Luther King

Martin Luther King était un pasteur afro-américain, né en 1929 dans une Amérique ségrégationniste. Il était issu de la classe moyenne, et vécut une jeunesse normale, jusqu'à ce qu'un événement particulier le fasse basculer dans sa destinée. Le 1er décembre 1955, une femme noire du nom de Rosa Parks est arrêtée parce qu'elle a refusé de céder sa place dans un bus à un passager blanc. La communauté noire de la ville de Montgomery s'insurge contre cette décision et décide de boycotter les bus de la ville en signe de protestation. Un mouvement de soutien à Rosa Parks se forme, et Martin Luther King en prend la tête. Le boycott dura en tout une année, pendant laquelle certains noirs parcouraient plusieurs dizaines de kilomètres par jour à pied, pour se rendre à leur travail. Le 21 décembre 1956, le boycott prit fin après que la Cour Suprême des États-Unis eut déclaré illégale la ségrégation dans les autobus, les restaurants, les écoles et autres lieux publics[9].

Fort de cette victoire, Martin Luther King s'investit pleinement dans la lutte pour l'égalité des droits civiques dans la société américaine. En 1963, à quelques pas de la Maison Blanche, devant le Lincoln Mémorial, il prononça un discours emblématique, devenu célèbre : « I have a dream ». Son discours résonna à travers le monde, et fut le début de profonds changements dans la société. En 1964, le Civil Right Act déclara illégale la discrimination reposant sur la race, la couleur de peau, la religion, le sexe, ou l'origine nationale[10]. Cette même année, il reçut le prix Nobel de la paix. En 1965, le Voting Right Act accorda le droit de vote à tous les citoyens américains sans aucune restriction[11].

Il mourut assassiné en 1968, à Memphis, à l'âge de 39 ans. Malgré son jeune âge et l'avenir politique qui se présentait devant lui, son combat ne fut pas vain, car il accomplit sans aucun doute ce pour quoi il était né.

---

9. Sur le site de «Wikipédia» : https://fr.wikipedia.org/wiki/Martin_Luther_King#Montgomery.2C_la_lutte_pour_les_droits_civiques (consulté le 22 janvier 2016).
10. Sur le site de «Wikipédia» : https://fr.wikipedia.org/wiki/Civil_Rights_Act_de_1964 (consulté le 22 janvier 2016).
11. Sur le site de «Wikipédia» : https://fr.wikipedia.org/wiki/Martin_Luther_King (consulté le 13 mars 2016).

7 – Des prédispositions naturelles

Lorsque l'on regarde attentivement, les parcours de vie de Joseph, de Martin Luther King et de Mère Teresa, on constate qu'ils ont tous les trois quelque chose en commun : ils ont découvert et accomplit ce pour quoi ils étaient nés. La vie de chacune de ces trois personnes a eu un tel impact, qu'elle a des répercussions encore aujourd'hui. Pourtant, rien ne laissait présager au départ que leur vie allait prendre une telle trajectoire, et je suis certain qu'elles-mêmes, dans leurs jeunes années, étaient bien loin de s'imaginer ce qu'elles deviendraient plus tard. Toutefois, si l'on prend un peu de recul, et que l'on regarde les rêves et les frustrations qu'ils nourrissaient à leur époque, ainsi que les dons et les talents qu'ils avaient, on s'aperçoit qu'en réalité, dès leur jeunesse ils présentaient certaines prédispositions qui expliquent mieux le parcours et l'impact qu'ils ont pu avoir par la suite.

• Joseph, la gestion des affaires

Lorsque l'on regarde la vie de Joseph par exemple, on s'aperçoit que quand il est vendu comme esclave à Potiphar, il a fait très rapidement prospérer les affaires de son maître qui décide de l'établir sur toute sa maison et de lui confier la responsabilité de tout ce qu'il possède. La Bible dit : « Son maître vit que l'Éternel était avec lui, et que l'Éternel faisait prospérer entre ses mains tout ce qu'il entreprenait » (Genèse 39:3). Potiphar étant un officier de Pharaon, il est donc à supposer qu'en plus d'être très prospère, il devait très certainement avoir beaucoup de personnes à son service.

Comme nous l'avons déjà vu, Joseph eut accès à Pharaon grâce à son don d'interprétation des rêves. Pourtant, à aucun moment il n'eut à utiliser ce don chez Potiphar.

Si Potiphar lui confia la gestion de tous ses biens, c'est parce que Joseph sut mettre en exergue d'autres qualités qui n'étaient peut-être pas visibles au premier abord, telle que l'intégrité, le relationnel, le leadership, le management, la gestion et l'administration des biens. Les années passées chez Potiphar furent pour lui une parfaite préparation, pour découvrir et développer des compétences qui lui furent fort utiles plus tard pour assumer les responsabilités beaucoup plus élevées que lui confia Pharaon.

• Mère Teresa, la compassion

Mère Teresa entra dans les ordres à l'âge de 19 ans, ce qui nous laisse supposer qu'à ce jeune âge, son cœur était déjà rempli de la compassion, de la miséricorde et de l'amour pour son prochain. Son choix d'intégrer l'ordre missionnaire des sœurs de Notre-Dame-de-Lorette n'est pas anodin, puisqu'elle formera plus tard sa propre organisation, et passera toute sa vie dans le champ missionnaire. Ses années en tant que missionnaire auprès des sœurs de Notre-Dame-de-Lorette furent, comme pour Joseph, une période de préparation qui lui permit de découvrir ses dons, de les exercer et d'acquérir suffisamment d'expérience et de compétence pour gérer sa propre organisation.

• Martin Luther King, la protection

Martin Luther King fit le choix de devenir pasteur, comme son père.

Le mot pasteur vient du latin *pastor*, qui signifie « *berger* ». En plus de faire paître son troupeau, le berger a pour rôle d'en *prendre soin* et de le *protéger*. Ce sont exactement ces deux caractéristiques « *prendre soin* » et « *protéger* » que l'on retrouve chez lui, et qui le poussèrent à prendre la défense de Rosa Parks et à s'impliquer par la suite dans le combat pour l'égalité des droits civiques. La préparation des sermons et des cultes lui apprirent le poids et la puissance des mots et développèrent en lui une aisance et un charisme pour parler et reprendre la foule. Il fut un orateur hors du commun. Ses valeurs chrétiennes lui imposèrent de refuser toute forme de violence, qu'elle soit verbale ou physique. Durant ses études, il découvrit l'écrivain Henry David Thoreau et s'inspira de ses écrits sur la désobéissance civile non-violente en voyant le succès que remporta Gandhi en Inde pour l'indépendance de son pays.

Lorsque l'on voit comment Martin Luther King et ses amis furent à plusieurs reprises arrêtés et maltraités, on peut croire qu'il eut été facile pour eux de basculer dans la violence, mais comme Jésus, ils décidèrent de ne pas répondre à la violence par la violence, et cette stratégie finit par payer.

• **Constat**

Joseph, Mère Teresa et Martin Luther King présentaient tous les trois des *prédispositions naturelles* qui, après analyse, nous permettent d'appréhender leurs parcours avec un autre regard. Ils sont passés tous les trois par trois phases :

1. Une phase préparatoire,

2. Une phase de développement de leur caractère et de leurs dons,

3. L'accomplissement de leur destinée.

Au regard de tout cela, on ne peut qu'admettre que, si leur vie a eu un tel impact, ce n'est certainement pas par hasard, mais c'est parce qu'ils ont tous les trois fait le choix de soumettre leur vie au Grand Chef d'orchestre.

La destinée de chacun d'eux était claire :

- Joseph devait sauver le peuple d'Israël de la famine

- Mère Teresa devait apporter secours et réconfort aux pauvres et aux démunis

- Martin Luther King devait établir une égalité entre les Noirs et les Blancs

Les personnes perplexes quant à l'existence de Dieu se posent souvent la question : « Si Dieu existe, pourquoi, est-ce qu'Il n'intervient pas dans telle ou telle situation ? »

Ces trois histoires nous démontrent que Dieu est intervenu dans des besoins bien spécifiques, mais que pour cela, Il a utilisé ses enfants. Il a fait le choix de collaborer avec ses fils et ses filles.

Quand on prend cela en considération, on réalise que la situation actuelle de notre société n'est en aucun cas de la responsabilité de Dieu, mais simplement du fait qu'il y a beaucoup de travail à faire et qu'il manque malheureusement des ouvriers. C'est pour cette raison que Dieu sensibilise ses enfants sur l'importance d'entrer dans leur destinée afin de participer à la construction d'un monde meilleur, en répondant aux besoins que rencontre notre société.

8 – Les différentes étapes de la destinée

Le professeur Robert Clinton[12] a consacré plus de 30 ans de sa vie à étudier « La Destinée » : son déroulement, ses principes, ses exigences et ses effets dans la vie des individus. L'ensemble de ces informations lui ont permis d'établir qu'il y avait un ordre et une chronologie dans les différentes étapes de la destinée. Nous allons voir ensemble les étapes.

- **Les six étapes de la destinée[13]**

1	2	3	4	5	6
Fondations souveraines	> Développement intérieur	> Développement des dons et des talents	> Maturité de la vie	> Convergence	> Célébration

▶ Étape 1 : Les fondations souveraines

Selon le consultant Lance Wallnau, les fondations souveraines[14] correspondent à toutes les caractéristiques qui vous définissent personnellement. Vous n'avez aucune emprise sur elles, car elles ont été décidées et déterminées avant votre naissance.

---

12. Dr. J. Robert (Bobby) Clinton est le professeur principal de leadership à l'université : School of intercultural Studies of Fuller Theological Seminary dans le Pasadena.
13. Ces étapes sont essentiellement inspirées du livre du Dr. R. Clinton intitulé *The Making of a Leader : recognizing the Lessons and Stages of Leader development*, Nav Press, (nouvelle édition, 2012), p. 37.
14. Lance Wallnau : Believer's edge – Lesson 6 : « Personal Mastery »

Elles correspondent à :

- Votre année de naissance

- Vos parents, votre environnement familial

- Votre pays d'origine et le pays dans lequel vous avez grandi

- Votre caractère

- Vos caractéristiques physiques

- Vos dons et vos talents

- Votre appel

Votre année de naissance, votre caractère, votre personnalité, vos dons et vos talents, votre sensibilité, vos capacités physiques et intellectuelles, vos forces et vos faiblesses, vos passions et votre culture ne sont pas un hasard, ou simplement l'héritage génétique de vos parents, mais ils composent l'identité que Dieu a voulu vous donner. Cela peut sembler difficilement acceptable pour les personnes qui ont grandi dans un environnement familial difficile, celles qui n'aiment pas leur pays d'origine, ou même leur physique, mais tout cela n'est pas une erreur. C'est parfois bien plus tard que ces personnes se rendent compte que ces fondements ont déterminé qui elles sont devenues, et ce qu'elles ont été amenées à accomplir.

▶ Étape 2 : Le Développement intérieur

Tout enfant de Dieu est appelé à grandir constamment, à la fois sur le plan spirituel et personnel. Plus vous grandissez, plus votre horizon et votre perspective de la vie s'élargissent, et vous commencez à voir la vie avec un autre regard, le regard de Dieu. La prière, la lecture de la Parole et l'écoute de la voix de Dieu développent et solidifient la communion que vous avez avec Lui. Votre croissance se fait pas à pas, brique par brique. Cela peut paraître long pour certains, mais des fondations solides se mettent en place.

Cette transformation n'est pas visible au départ car elle s'opère premièrement à l'intérieur, avant de se voir à l'extérieur. Durant cette période, Dieu teste votre intégrité, votre obéissance, votre attitude dans les épreuves, et le fait qu'Il puisse vous faire confiance ou pas. Ceux qui répondront favorablement, avec la bonne attitude, en sortiront grandis et fortifiés, prêts à assumer de plus grandes responsabilités.

▶ **Étape 3 : Développement des dons et talents**

Durant cette période, vous identifiez clairement quels sont vos dons et vos talents, et vous les développez. Leur développement confirme ou infirme, l'appel que vous pensez être le vôtre car, comme nous le verrons dans le prochain chapitre intitulé « Découvrir vos dons et vos talents », vos dons sont aussi des indicateurs de votre appel.

Il est important de noter que durant les étapes II et III, le changement s'effectue essentiellement à l'intérieur. Ne vous découragez pas si vous ne faites rien de vraiment significatif durant cette période, gardez à l'esprit l'image de l'iceberg. La partie immergée est bien plus imposante que la partie visible. C'est le travail que Dieu fait en vous, Il développe l'intérieur, pour que l'extérieur en soit le reflet[15].

---

15. Dr Robert Clinton : *The Making of a Leader*, op. cit., p. 38.

▶ Étape 4 : Maturité de la vie

À cette étape de votre vie, vous êtes fin prêt à vous déployer, et à manifester votre vraie nature. Vous saisissez aussi maintenant que les phases précédentes étaient indispensables pour que vous deveniez la personne que vous êtes aujourd'hui, et vous rapprocher du cœur de Dieu. Robert Clinton dit même que durant cette phase de votre vie : « *votre communion avec Dieu devient fondamentale, elle est même plus importante que le succès de votre ministère et c'est en cela que vous rencontrerez le succès dans tout ce que vous entreprendrez.* »[16]

Néanmoins, selon Lance Wallnau, 80% des personnes échouent à l'étape 4 parce qu'elles ne savent pas ou ne comprennent pas que le processus par lequel Dieu les fait passer a pour but de faire ressortir le meilleur d'eux-mêmes. Elles finissent donc par s'arrêter au bout d'un certain temps, découragées par les épreuves et les obstacles qu'elles ont rencontrés en chemin.

▶ Étape 5 : Convergence

Suite à cette phase de maturité, une convergence s'opère entre vos dons naturels, vos dons spirituels, vos passions et les différentes expériences que vous avez acquises. C'est le moment de votre vie où vous portez le plus de fruits parce que le développement de vos dons, ajouté à vos années d'expérience, vous permettent d'opérer au maximum de vos capacités. Cependant, très peu de personnes accèdent à la convergence à cause d'un manque de développement personnel.

---

16. Dr Robert Clinton : *The Making of a Leader*, op. cit., p. 39.

Lorsque l'on regarde en détail la vie de Joseph, de Mère Teresa et de Martin Luther King, nous constatons qu'ils sont chacun à sa manière passés par au moins 5 étapes. Leur naissance, le cadre familial dans lequel ils ont grandi, les événements ou les situations auxquelles ils ont été confrontés, les rencontres déterminantes qu'ils ont eues, les dons et les talents qu'ils ont développés, etc. Chaque étape les a préparés à l'étape suivante, et c'est ainsi qu'ils ont pu réussir.

▶ Étape 6 : Célébration

Cette étape correspond aux personnes qui ont su rester fidèles et attachées à Dieu envers et contre tout. Elles sont dans la volonté de Dieu, produisent beaucoup de fruit, et bénissent énormément de personnes. Ce sont des personnes qui ont réussi dans leur appel, et qui aujourd'hui partagent leurs expériences et leur sagesse. Cette étape s'appelle « célébration » parce que les gens qui la vivent ont le privilège de voir le fruit de leur travail transformer des vies, des villes, et pour certains, des pays. Parmi ces personnes se trouve John Maxwell.

Il est peu connu en France, mais a été nommé en mai 2014 par le magazine américain Inc. Magazine, meilleur expert en leadership au monde. Il est né aux États-Unis en 1947. Après ses études, il décide d'entrer dans le ministère, en devenant pasteur. En 1972, il rencontre Curt Kampmeier, spécialiste en développement personnel, qui lui pose la question suivante : « John, as-tu un plan pour ton développement personnel ? » John Maxwell lui répond : « Non, je n'ai pas de plan ». Il ignore complètement à cette époque ce qu'est le développement personnel, et à quoi cela peut servir. Curt Kampmeier lui dit alors : « John, la croissance n'est pas quelque chose d'automatique ». John Maxwell commença donc à suivre des formations sur le développement personnel, car il avait le désir de devenir la personne que Dieu voulait qu'il soit. Après 25 années à plein temps dans le ministère, Dieu lui demanda de se consacrer pleinement au leadership et de former des leaders selon les principes de la Parole de Dieu. Il obéit et quitta son poste dans l'église de San Diego. Beaucoup de personnes lui demandèrent alors : « John, pourquoi as-tu quitté le ministère ? » Il leur répondait simplement : « Je n'ai pas quitté le ministère. Mon appel est de servir les gens. Je l'ai fait pendant plusieurs années en tant que pasteur, mais aujourd'hui Dieu m'appelle à le faire autrement ». Il a écrit plus de 80 livres, et en a vendu plus de 19 millions à travers le monde. Il a créé « Equip », une organisation à but non lucratif qui vise à former des dirigeants, des pasteurs, des diacres, des hommes et des femmes, au leadership. « Equip » a formé plus de 9 millions de personnes, dans plus de 80 pays. Il a créé John Maxwell University avec Paul Martinelli, une école qui prépare des hommes et des femmes au leadership. En 2013, il est invité par le Président du Guatemala à parler du leadership aux personnes les plus influentes du pays (parlementaires, hauts fonctionnaires, chef d'entreprise, etc.). En février 2016, il est invité par le Président du Paraguay à faire la même chose. Lors de ces deux événements, 250 consultants de la John Maxwell University ont formés près de 20 000 personnes pendant trois jours afin d'insuffler un changement et une transformation dans ces pays. Âgé de 69 ans, il continue de donner des conférences à travers le monde, afin d'inciter la nouvelle génération à prendre sa vie en main et à influencer le monde avec les principes du Royaume.

John Maxwell a atteint la phase de *convergence*, et s'applique maintenant dans la phase de *célébration*, à partager sa sagesse et sa connaissance, afin que la relève puisse aller plus haut, et plus loin que lui. Son ambition est de faire de toutes les nations des disciples.

9 – Les obstacles à la destinée

Les obstacles et les défis ne manqueront pas de se dresser sur votre chemin et votre foi sera plus d'une fois éprouvée, à un point tel que vous irez même parfois jusqu'à vous demander si vous êtes bien dans la volonté de Dieu. Relever tous ces défis vous changera, et vous ne serez plus du tout la même personne en bout de course, mais avant de franchir la ligne d'arrivée vous aurez deux ennemis à abattre : l'un se trouve à l'intérieur, il s'agit de vous-même. L'autre se trouve à l'extérieur, c'est Satan. Contrairement aux idées reçues, votre plus grand ennemi n'est pas celui qui est à l'extérieur, mais à l'intérieur. Votre ennemi intérieur se caractérise par vos peurs, vos doutes, vos raisonnements, vos limites, votre manque de foi, de rigueur, de discipline, de persévérance, votre orgueil. Quand on regarde le processus de Robert Clinton, on s'aperçoit que ce sont justement ces traits de caractère que Dieu change dans la phase de développement intérieur, car il faut que votre ennemi intérieur soit vaincu pour que vous puissiez aller de l'avant. Comme le dit un dicton africain : « S'*il n'y a pas d'ennemi à l'intérieur, les ennemis à l'extérieur ne peuvent pas vous blesser* ».

• Votre ennemi extérieur

Comme nous l'avons déjà vu, Satan a peur que le croyant manifeste pleinement qui il est en Jésus-Christ. Plus votre appel a la capacité de changer des vies, de donner de l'amour, d'apporter de la lumière, de redonner de l'espoir, d'apporter des solutions, d'amener la vérité et la connaissance, de préserver les couples et les familles, de construire des fondations saines dans la société, de redéfinir les mots « succès » et « réussite », de ramener Dieu au centre des vies, d'aider votre entourage à comprendre le sens et le but de la vie, plus vous rencontrerez de l'opposition. Mais ne vous laissez pas intimider, ni même décourager. Gardez les regards fixés sur Celui qui vous donne la force d'être plus que vainqueur.

• **Votre ennemi intérieur**

▶ **Le manque de connaissance**

L'un des plus grands ennemis du croyant est le manque de connaissance. Ce n'est pas moi qui le dis, mais Dieu Lui-même : « Mon peuple est détruit parce qu'il lui manque la connaissance » (Osée 4:6). Combien de vies gâchées et de destinées avortées par manque de connaissance ? La connaissance vous permet de savoir qui est Dieu, et qui vous êtes en Lui. Elle vous permet d'être enraciné dans la vérité, d'avoir une foi ferme, inébranlable, et vous évite d'être telle une barque, chahutée de droite et de gauche, au gré des vents, des circonstances et des mauvaises nouvelles, mais au contraire de faire les bons choix et de prendre les bonnes décisions, car votre assurance est fondée sur les promesses de la Parole de Dieu.

Solutions :

Le roi Salomon a dit : « La connaissance fera les délices de ton cœur » (Proverbes 2:10). Voyons quelques clés pour développer sa connaissance de Dieu :

- **Plonger les regards dans la lecture de la Parole**, afin de découvrir le sens de la vie non selon les critères de la société, mais selon les critères de Dieu. La lecture régulière abreuve votre esprit en lui apportant la nourriture spirituelle et la connaissance dont il a besoin pour vous aider à faire les bons choix et à prendre les bonnes décisions.

- **Développer une intimité avec le Saint-Esprit** afin de recevoir les révélations pour votre vie.

- **La connaissance de la Parole** et les révélations que vous communique le Saint-Esprit fortifient votre foi.

▶ La peur

Certains rêves que Dieu vous a donnés vous paraissent effrayants, et vous vous sentez tout petit devant eux. Ils impliquent une prise de risques et des sacrifices que vous n'êtes pas toujours prêt à prendre. Pour certains, il peut s'agir de changer de travail, pour d'autres, de reprendre le chemin de l'école, de suivre une formation, pour d'autres encore, d'investir toutes leurs économies, de faire une demande de prêt à la banque, de trouver des partenaires, de repartir de zéro, etc.

Votre vie est agréable et vous ne voulez pas mettre en péril l'équilibre et le sentiment de sécurité et de confort que vous avez mis du temps à bâtir. Pourtant, vous savez que Dieu est avec vous, mais la peur d'échouer vous paralyse et vous préférez remettre cela à plus tard.

Solutions :

- **S'appuyer sur Dieu**, et non sur vos propres forces. L'apôtre Paul a écrit « Car ce n'est pas un esprit de timidité que Dieu nous a donné, mais un esprit de force, d'amour et de sagesse » (2 Timothée 1:7).

- **Avoir le courage de refuser le statu quo**, et de sortir de sa zone de confort.

- **S'entourer de bonnes personnes** qui pourront vous aider par leurs conseils, leurs expériences personnelles, et leur maturité.

- **Avancer pas à pas.** Souvent votre rêve est trop grand pour vous, il faut donc le diviser en plusieurs petites étapes afin d'avancer progressivement.

- **Ne pas avoir peur de l'échec.** Comme l'a dit l'inventeur Thomas Edison : « Je ne me décourage pas car toute tentative infructueuse qu'on laisse derrière soi constitue un autre pas en avant. »

▶ **Le manque de foi**

« Or la foi est une ferme assurance des choses qu'on espère, une démonstration de celles qu'on ne voit pas » (Hébreux 11:1). La foi est le fondement de la vie chrétienne. C'est elle qui vous pousse à l'action et vous permet de croire que rien n'est impossible à Dieu. Le manque de foi, par contre, vous paralyse et vous contraint à continuer d'évoluer dans des environnements que vous maîtrisez. Elle vous empêche de saisir les promesses de Dieu pour votre vie, d'amener les réalités de Dieu sur terre afin de manifester pleinement la nature de Jésus qui est en vous.

Solution :

- **Lire la Bible**, écouter des prédications et des témoignages active votre foi et la fortifie. Lorsque votre entourage ou vos raisonnements vous disent que ce n'est pas possible, appuyez-vous sur la Parole de Dieu et sur les promesses qu'Il vous a données. Comme le dit la Parole : « Ainsi la foi vient de ce que l'on entend, et ce que l'on entend vient de la Parole de Christ » (Romains 10:17).

▶ Le raisonnement, les pensées

Le raisonnement est l'un des pires ennemis de la foi, car il tente de rendre rationnel ce qui est irrationnel. Autrement dit, il tente de ramener à votre niveau de compréhension les réalités du monde spirituel. C'est une très bonne chose de raisonner, d'analyser ce que l'on vous dit afin de ne pas croire n'importe quoi, mais il est vrai que la foi et le raisonnement sont en opposition. La première est « la ferme assurance des choses qu'on ne voit pas », tandis que le second s'appuie sur des preuves, sur des choses tangibles.

Solution :

- **Ne vous laissez pas submerger par la peur**, mais placez plutôt votre confiance en Dieu. Il vous demandera d'accomplir des choses qui dépassent votre entendement car Il souhaite que vous appreniez à marcher non pas avec vos yeux naturels mais avec vos yeux spirituels, c'est-à-dire les yeux de la foi. Le pasteur Myles Munroe a d'ailleurs dit un jour à ce sujet : « Le pire ennemi de la vision, c'est la vue. »

► Le manque d'obéissance et de sanctification

Lorsque Dieu demande à ses enfants d'obéir à ses recommandations et de marcher dans la sanctification, c'est pour les protéger afin qu'ils ne commettent pas d'erreurs qui pourraient avoir des conséquences fatales dans leur vie. Beaucoup de personnes se ferment les portes de la bénédiction et échouent dans leur marche chrétienne par manque d'obéissance et de sanctification. La Bible dit :

> Car la chair a des désirs contraires à ceux de l'Esprit, et l'Esprit en a de contraires à ceux de la chair ; ils sont opposés entre eux, afin que vous ne fassiez point ce que vous voudriez. (Galates 5:17)

Solution :

- **Comprendre l'obéissance à Dieu** car c'est pour votre bien, pour vous protéger, afin que vous marchiez dans la paix et la bénédiction. Les instructions de Dieu, même si elles peuvent vous sembler difficiles parfois, sont bonnes et parfaites pour vous, car elles sont là pour vous protéger. Dieu prend plaisir à l'obéissance, car à ses yeux, l'obéissance vaut mieux que les sacrifices[17].

---

17. 1 Samuel 15:22.

- L'une des solutions, pour marcher dans l'obéissance et dans la sanctification, est de **développer son esprit afin de dominer sur sa chair qui a des désirs contraires.**

- **Développer son esprit** car certains combats sont durs à mener seul, et l'assistance du Saint-Esprit est nécessaire afin de marcher non selon la chair mais selon l'Esprit.

- **S'entourer de personnes** qui vous encouragent.

► **Le manque de rigueur, de discipline**

La rigueur et la discipline sont les deux éléments indispensables pour continuellement grandir, et surtout aller jusqu'au bout. Sans cela, vous aurez tendance à vous relâcher au bout d'un certain temps et à rechercher la facilité. Il est vrai qu'aujourd'hui, il est très facile de se laisser distraire et de perdre son temps dans toutes sortes d'activités. L'expérience m'a permis de constater que ce ne sont pas toujours les plus doués qui réussissent, mais ceux qui savent être rigoureux et disciplinés. La Parole de Dieu utilise d'ailleurs à plusieurs reprises des paroles d'encouragement pour inciter le peuple de Dieu à avancer, sans se relâcher, comme : « Fortifie-toi et prends courage » (Josué 1:6).

Solution :

« *La discipline est le pont entre les objectifs et les réalisations* ». Jim Rohn. La discipline vous permet de garder les yeux fixés sur vos objectifs, de persévérer, de maintenir le cap face aux difficultés et aux découragements. Elle vous donne la force de travailler quand vos amis s'amusent, de prendre des cours le soir ou le week-end, de faire des heures supplémentaires, d'économiser quand vous êtes tenté de dépenser, d'apprendre un nouveau métier, de réduire le temps que vous passez à regarder la télévision, etc. La petite discipline appliquée quotidiennement vous permet d'adopter des réflexes qui vous aideront à mieux utiliser votre temps libre, à mieux organiser vos priorités dans la journée, à consacrer du temps chaque jour ou chaque semaine dans le but de réaliser votre rêve.

Chapitre 4
Vos dons et talents

1 – Votre destinée en vous

Vous n'en avez peut-être pas toujours conscience, mais votre plus grande richesse se trouve en vous ; ce sont vos dons et vos talents. Il est important que vous les connaissiez, car ils sont les outils qui vous permettront de construire votre destinée. Plus vous les exercez, plus vous développez vos compétences et accroissez votre potentiel. La réalisation de vos rêves dépend donc du bon usage que vous en faites, ainsi que de l'expérience que vous en tirez. La Bible nous raconte qu'un beau jour, Dieu dit à Moïse qu'Il souhaitait que le peuple Lui bâtisse un tabernacle afin qu'Il puisse demeurer au milieu des enfants d'Israël. Ce lieu sacré serait l'endroit où résiderait l'Arche de l'alliance. L'Arche de l'alliance symbolisait à l'époque la présence de Dieu. Il donna donc à Moïse des instructions détaillées concernant l'Arche, comme la superficie du tabernacle, les matériaux à utiliser, les éléments et les symboles qui devaient se trouver à l'intérieur et à l'extérieur.

La construction de l'ensemble requérait une ingéniosité, une intelligence, une habileté et une connaissance technique que personne n'avait au sein du peuple. Dieu expliqua alors à Moïse qu'Il avait choisi des hommes parmi le peuple, et qu'Il leur avait donné l'intelligence et le savoir-faire pour réaliser ce type d'ouvrage.

La Bible dit :

> L'Éternel parla à Moïse, et dit : sache que j'ai choisi Betsaleel, fils d'Uri, fils de Hur, de la tribu de Juda. Je l'ai rempli de l'Esprit de Dieu, de sagesse, d'intelligence, et de savoir pour toutes sortes d'ouvrages, je l'ai rendu capable de faire des inventions, de travailler l'or, l'argent et l'airain, de graver les pierres à enchâsser, de travailler le bois et d'exécuter toutes sortes d'ouvrages. Et voici je lui ai donné pour aide Oholiab, fils d'Ahisamac, de la tribu de Dan. J'ai mis de l'intelligence dans l'esprit de tous ceux qui sont habiles, pour qu'ils fassent tout ce que je t'ai ordonné (…).
> (Exode 31:1 à 6)

À d'autres endroits dans la Bible, on voit que Dieu équipe les Hommes pour la mission qu'Il leur confie. Ce passage est très intéressant, parce qu'il illustre bien le fait que c'est Dieu qui rend capable chaque individu en lui confiant des dons et des talents en fonction de son mandat.

- **Qu'est-ce que l'appel ?**

Bien souvent, les affections et les frustrations que vous pouvez avoir, sont des indicateurs, des révélateurs de ce à quoi Dieu vous appelle. Dieu ne peut pas vous demander de faire quelque chose s'Il ne vous en a pas donné au préalable les capacités pour l'accomplir. Lorsque Dieu vous demande de réaliser quelque chose, cela signifie qu'Il vous en a déjà donné la capacité, même si cela vous paraît encore au-delà de vos compétences. Mais alors que vous obéissez et que vous lui faites confiance, vous voyez de nouvelles aptitudes, complètement ignorées, qui émergent en vous.

Les dons et les talents sont, au même titre que les affections, les frustrations et les passions, des indices qui pointent en direction de votre appel. Aussi est-il important de les découvrir.

- **Qu'est-ce qu'un talent ?**

Le don est une disposition, une qualité naturelle et innée. **Le talent** quant à lui, est une aptitude, une capacité, que Dieu donne à l'homme et la femme en fonction de leur destinée. Chaque personne naît avec un, voire plusieurs talents, qu'elle utilise dans un ou plusieurs domaines de sa vie. Le talent est le révélateur du potentiel d'une personne, car il lui permet d'accomplir des choses avec plus d'aisance, de maîtrise, et de réussite que les autres.

2 – Découvrir ses talents

La découverte de vos talents peut se faire de plusieurs manières.

• Les talents dont vous avez conscience

Il y a les talents dont vous avez conscience, ceux que vous avez clairement identifiés, parce que vous avez constaté par vous-même que vous étiez plus doué que les autres dans certains domaines, ou que vous aviez plus de facilité qu'eux, ou bien tout simplement parce que les personnes qui vous connaissent bien vous l'on fait remarquer. À partir du moment où vous les avez identifiés, il est de votre responsabilité de les exercer et de les développer afin de les utiliser à leur plein potentiel. Malheureusement, beaucoup n'en prennent pas soin, parce qu'ils n'en mesurent pas la valeur et n'ont pas conscience que ce sont les instruments que Dieu a placés entre leurs mains pour accomplir leur destinée.

• Les talents dont vous n'avez pas conscience

Il y a des talents dont vous n'avez pas encore conscience, jusqu'au jour où une situation particulière vous les a fait connaître. Vous décidez alors de vous lancer, et petit à petit, à force de pratique, vous vous rendez compte que vous aimez ce que vous faites, et vous êtes même plutôt doué, si bien que les personnes de votre entourage vous le disent.

Il y a des personnes qui ne pensent pas du tout avoir de talent parce qu'elles ont grandi dans un milieu dans lequel on les rabaissait constamment par des critiques ou des paroles dévalorisantes. Elles ont fini par intérioriser les paroles négatives telles que « tu n'as aucun talent », « tu es un(e) incapable », « tu es nul(le) »… D'autres ont perdu confiance en elles à cause de leurs échecs et des revers de la vie. Elles sont persuadées qu'elles n'ont aucun talent.

Pour ces deux cas, les personnes concernées évoluent fréquemment dans des milieux où elles n'excellent pas ou bien où elles réussissent plus ou moins tout en étant frustrées. Si vous avez l'impression que votre talent n'est pas vraiment efficace dans le domaine dans lequel vous évoluez, il est préférable de chercher un domaine dans lequel vous êtes vraiment doué afin que vous soyez pleinement épanoui dans la pratique de vos talents.

Enfin, il y a ceux qui font les choses avec une telle aisance, qu'ils ne réalisent même pas qu'ils sont doués, parce que cela semble normal à leurs yeux. Il y a encore un grand nombre de cas de figure, mais ces quelques exemples peuvent rassurer ceux qui croiraient n'avoir aucun talent. Nous en avons tous au moins un, comme nous le verrons dans la prochaine partie sur la gestion des talents.

• **Les dons et les talents que Dieu révèle**

Il y a également les dons et les talents que Dieu révèle. Supposons par exemple que vous veniez de découvrir votre destinée et que vous réalisiez que Dieu vous appelle à accomplir des choses complètement différentes de celles que vous avez l'habitude de faire : la panique vous gagne parce que vous ne vous en sentez pas du tout capable.

Comme nous l'avons déjà vu, Dieu peut vous confier des projets qui sont difficiles parce qu'Il veut stimuler votre foi, en vous apprenant à ne plus compter sur vos propres forces, mais à vous appuyer sur Lui, et à Lui faire confiance. Mais quand vous décidez d'obéir par la foi, Dieu active alors les dons qu'Il avait placés en vous. C'est exactement ce qui arriva à l'écrivain et pasteur John Bevere.

En 1991, il reçut une parole très claire du Seigneur dans son cœur : « *Mon fils, je veux que tu écrives* ». Il repoussa cette idée, estimant que son niveau rédactionnel lorsqu'il était étudiant était trop faible pour qu'il puisse prétendre écrire quoi que ce soit. Dix mois plus tard, deux femmes vinrent le voir à deux semaines d'intervalle et lui apportèrent le même message : « John, si tu n'écris pas les livres que le Seigneur te demande, il les donnera à écrire à quelqu'un d'autre. Mais tu seras jugé pour ne pas l'avoir fait. »[1] Saisi de crainte, il obéit, et commença à écrire. Il fut surpris de voir que pendant qu'il écrivait, il recevait des idées et des pensées qui ne venaient pas de lui, mais qui étaient inspirées par le Saint-Esprit. À ce jour, Il a écrit plus d'une dizaine de livres, dont plusieurs sont des best-sellers.

- **Quelques astuces pour vous aider à découvrir vos talents :**

  - Demandez à vos proches les dons et les talents qu'ils voient en vous.

  - Prenez le temps de réfléchir aux choses qui sont difficiles pour les autres, mais que vous réalisez relativement facilement.

---

1. John Bevere : *Approchez-vous de Lui*, Vida, p. 5.

- Essayez de nouvelles activités qui vous tiennent à cœur, c'est un excellent moyen pour peut-être découvrir des talents que vous ignorez complètement.

- **Quelques questions pour vous aider à découvrir vos talents :**

    - Avez-vous déjà identifié certains de vos dons et talents ? Si oui, lesquels ?

    - Demandez à cinq personnes de votre entourage quels talents elles voient en vous. Comparez leurs réponses avec la liste que vous avez dressée au préalable.

    - Dans quels domaines vos amis vous demandent-ils toujours un coup de main ?

    - Quelles activités vous procurent une réelle satisfaction ?

    - Dans quels domaines comprenez-vous et réalisez-vous les choses plus facilement que les autres ?

3 – La gestion des talents

- **La parabole des talents**

Jésus aimait utiliser des paraboles et des images pour instruire ses disciples sur les mystères de la création et du Royaume de Dieu. Un jour, il leur raconta la parabole des talents[2].

Cette parabole nous parle de trois serviteurs qui ont reçu un ou plusieurs talents[3] de leur maître avant qu'il ne parte en voyage, et qui reçoivent pour ordre de les faire fructifier. Le premier en reçoit cinq, le second deux, et le troisième un. Après un certain temps, le maître rentre de voyage, et demande à chacun de rendre des comptes quant à la gestion des talents qu'il leur avait confiés pendant son absence. Le premier, ainsi que le second, ont fait fructifier ce qu'il leur avait été confié, en revanche, le troisième n'en a tiré aucun profit. Le verdict du maître envers le troisième est sans appel : « Et le serviteur inutile, jetez-le dans les ténèbres du dehors, où il y aura des pleurs et des grincements de dents. » (Matthieu 25:30).

Le terme qu'utilise le maître pour qualifier le troisième serviteur est très important, car il dit de lui qu'il est « **inutile** ». Le dictionnaire Larousse nous donne la définition suivante du mot inutile : « Qui ne sert à rien, qui n'apporte rien, **qui ne remplit pas son but**. » La vocation première du serviteur était de servir son maître, c'était là le but de sa fonction.

---

2. Parabole des talents : Matthieu 25:14 à 30.
3. Le mot « talent » correspond dans cette parabole à une unité monétaire répandue dans la Grèce antique. À l'époque, un talent a un poids légal de 60 mines (60 mines équivalent à 25,86 kg d'argent), sur le site de «Wikipédia» : https://fr.wikipedia.org/wiki/Talent_%28unit%C3%A9%29 (consulté le 13 septembre 2015).

N'ayant pas rempli sa tâche, le maître considéra qu'il ne servait à rien, c'est pourquoi il ordonna que l'on se débarrasse de lui.

Le fait de ne pas avoir fait fructifier ce qui lui avait été confié équivalait en quelque sorte à de la désobéissance, et par conséquent, amena sur lui la condamnation. Il est vrai que son sort peut nous paraître cruel dans la mesure où il n'a pas perdu le talent qui lui avait été confié, mais il y a un enseignement très fort à tirer de cette histoire pour chacune de nos vies, en ce qu'elle nous enseigne que tout élément qui ne remplit pas la fonction attribuée par celui qui l'a créée est inutile, et ne sert à rien.

Ainsi en est-il dans le Royaume de Dieu. Lorsque l'on regarde d'autres enseignements donnés par Jésus à ses disciples, on constate qu'Il met plusieurs fois l'accent sur l'importance de porter du fruit, autrement dit de faire les œuvres qu'Il a préparées d'avance pour nous et qui témoignent de sa bonté, de son amour, de sa miséricorde, mais également de sa créativité, de sa sagesse, de son intelligence. (Éphésiens 2:10)

Comme les serviteurs de la parabole, il est de notre responsabilité de nous rapprocher du donateur, afin qu'Il nous dévoile l'ordre de mission, ainsi que les moyens dont nous disposons pour réussir.

• **Le cep et le sarment**[4]

Un jour, Jésus utilisa l'image du cep et du sarment pour instruire les disciples sur l'importance de porter du fruit. Il leur dit :

---

4. Jean 15:1 à 8.

Je suis le vrai cep, et mon Père est le vigneron. **Tout sarment qui est en moi et qui ne porte pas de fruit, il le retranche** ; et tout sarment qui porte du fruit il l'émonde afin qu'il porte encore plus de fruit. (Jean 15:1)

Si l'on paraphrase, on peut dire : « Toute personne qui me suit mais qui ne remplit pas le but pour lequel il est sur terre, n'est d'aucune utilité, et par conséquent mon Père le retranche du Royaume de Dieu. En revanche, celui qui porte du fruit, mon Père l'émonde, c'est-à-dire qu'Il le perfectionne, afin qu'il porte encore plus de fruit, car c'est ainsi que le Père est glorifié ».

• **Enseignements à tirer de ces deux illustrations**

La parabole des talents, celle du cep et du sarment ont toutes les deux un point commun en ce qu'elles nous montrent clairement le point de vue de Dieu vis-à-vis des éléments de la création qui ne remplissent pas la fonction qu'Il leur a attribuée. Bien que ces enseignements soient présentés sous forme d'histoires et de paraboles, il ne faut surtout pas en négliger la portée : **toute chose existe pour un but**.

Le soleil produit de la lumière et de la chaleur, les nuages produisent de la pluie qui arrose la terre, la terre produit des fruits, et ces fruits nourrissent l'homme, etc. Si demain l'un de ces éléments décidait de ne plus remplir son rôle, les conséquences sur le cycle de vie seraient catastrophiques. En partant de ce principe, on comprend mieux maintenant que si notre société rencontre autant de problèmes, c'est aussi en partie parce que beaucoup de personnes ne participent pas au « cycle de vie » de la société, simplement parce qu'elles ne remplissent pas le rôle que Dieu leur a attribué. Bien qu'elles travaillent, qu'elles participent à la vie de la communauté, qu'elles votent, qu'elles payent leurs impôts, leur contribution n'est pas aussi importante que ce qu'elle devrait normalement être, si elles rentraient pleinement dans leur destinée. C'est ce que nous verrons lors du prochain chapitre.

4 – Le développement des dons et des talents

Comme nous l'avons dit précédemment, la croissance n'est pas automatique, elle doit être intentionnelle. Le manque de croissance peut même à un moment donné vous empêcher de remplir pleinement votre appel (comme nous avons pu le voir avec les 6 étapes de Robert Clinton). L'auteur John Maxwell appelle cela la « loi du couvercle ». Il a constaté que la croissance, voire même la pérennité d'une organisation, d'un ministère ou d'une carrière, dépend de la capacité que la personne a de grandir continuellement. Plus une personne prend soin de grandir continuellement, sur le plan spirituel, intellectuel, personnel, et autre, plus son potentiel et sa capacité d'accomplir ce pour quoi elle est née croissent. Lorsque vous regardez la vie d'hommes et de femmes qui ont réussi dans leur ministère, dans l'entreprenariat, dans le sport, dans la musique, dans l'éducation, dans l'innovation, dans la recherche, etc., vous remarquerez que ce sont toutes des personnes qui n'ont jamais cessé de progresser, année après année. Vous pouvez être la personne la plus talentueuse au monde, si vous ne prenez pas soin de développer ce que Dieu vous a donné, à un moment donné vous sentirez que vous stagnez. En revanche, plus vous grandirez, et plus vos actions seront empreintes de qualités, et influenceront les gens autour de vous.

♦ L'histoire du roi David

Lorsque l'on pense à la vie du roi David, la plupart d'entre nous avons immédiatement à l'esprit son combat épique contre le géant Goliath, et le courage avec lequel il mit hors d'état de nuire celui qui terrorisait toute une armée. L'histoire de ce jeune homme est vraiment particulière parce qu'elle nous montre comment un homme que Dieu a choisi, un simple berger, devint le roi d'une nation, et fit de ce peuple l'un des plus puissants et prospères de l'époque, et ce, en 40 ans.

Son parcours présente des similitudes avec l'histoire de Joseph dans la mesure où Dieu était avec lui dès le début, mais ce que l'on oublie souvent de souligner, c'est qu'il accéda aux plus hautes fonctions de la nation parce qu'il ne cessa tout au long de sa vie de grandir en caractère, en compétences, et en intimité avec Dieu.

• Développement des dons et des talents du roi David

Regardons ensemble comment un simple berger est devenu roi.

▪ Talent de David pour le combat

- À l'âge de 17 ans, David est oint roi par le prophète Samuel.

- Peu de temps après, il combattit le géant Goliath et remporta la victoire pour le peuple d'Israël.

- Fort de sa victoire contre Goliath, Saül plaça David à la tête de son armée. David allait et réussissait partout où l'envoyait Saül. Il plaisait à tout le monde, y compris aux serviteurs de Saül[5]. La Bible dit qu'Il réussissait dans toutes ses entreprises et que l'Éternel était avec lui (1 Samuel 18:14).

- **Talent de David pour la musique**

- Comme pour Joseph, Dieu créa une occasion pour que David se rapproche du roi Saül. Saül était tourmenté par un esprit mauvais envoyé par l'Éternel à cause de sa désobéissance, et à chaque fois que David jouait de la harpe, Saül était soulagé. David eut donc accès à la cour royale

- **Talent de David pour être roi**

- Chef de guerre, étoffe d'un héros, popularité auprès du peuple.

- Jaloux de la notoriété de David, Saül tenta à plusieurs reprises de le tuer. David dut s'échapper de la cour du roi, et vécut comme un fugitif. Mais une partie de ses hommes le suivit et lui resta fidèle. Durant toute cette période, Il eut lui-même à plusieurs reprises l'occasion de tuer Saül, mais il ne le fit pas, à cause du respect qu'il avait pour Saül et sa position de roi.

- Homme d'honneur et de valeur

---

5. 1 Samuel 18:5.

- Fidélité de ses hommes envers lui

- Saül finit par mourir. Mais sa garde rapprochée et sa famille continuèrent à faire la guerre à David. La Bible dit : « David **devenait de plus en plus fort**, *et la maison de Saül allait en s'affaiblissant* » (2 Samuel 3:1).

Le mot hébreu utilisé pour fort est *chazeq* qui signifie : plus fort, plus haut. On peut donc comprendre au travers de cette expression que David allait de plus en plus haut, c'est-à-dire de progrès en progrès, d'exploit en exploit.

À l'âge de 30 ans, 13 ans après avoir été oint par le prophète Samuel, il devint roi. Durant toutes ces années, David alla de plus en plus haut, de progrès en progrès, et c'est ce qui lui permit d'être fin prêt pour occuper les fonctions de roi. David n'était pas simplement devenu roi parce que Dieu en avait décidé ainsi, mais parce qu'il développa durant ces 13 années, le charisme d'un chef, ainsi que des qualités et des compétences qui le rendirent légitime aux yeux de Dieu, et du peuple. Ces années de préparation lui permirent de développer :

- Son intimité avec Dieu

- Ses qualités de combattant et de chef de guerre

- Son charisme

- Ses qualités de leader spirituel, d'hommes et d'une nation

Lorsque l'on regarde son parcours de vie, on retrouve clairement les 6 étapes évoquées par Robert Clinton : les fondations souveraines, le développement intérieur, le développement des talents, la maturité de la vie, la convergence, et la célébration. D'ailleurs, chacune de ces étapes lui permit de passer à un niveau supérieur. Après avoir accédé au trône, il remit sur pied la nation d'Israël. Elle devint la nation la plus prospère au monde. Il mit fin aux guerres avec tous les peuples environnants. Il écrivit le livre des Psaumes, l'un des plus beau livre de la Bible. Il put accomplir ce pour quoi il avait été créé parce qu'il ne cessa de grandir tout au long de sa vie.

La vie du roi David nous rappelle que la vie d'un croyant ne doit pas se résumer à « faire », mais à « devenir ». C'est lorsque vous devenez la personne que vous devez être, que vous êtes en mesure d'accomplir ce que vous devez faire, et que Dieu est rendu manifeste au travers de votre vie. Quand bien souvent les hommes s'arrêtent aux accomplissements, Dieu, Lui, voit beaucoup plus loin, Il regarde au cœur. Un cœur qui révèle sa nature.

Chapitre 5
Destinés à changer le monde

Un ami me parlait un jour de sa fiancée et, l'étincelle dans les yeux, il me dit : « Lorsque j'étais célibataire, je ne ressentais pas le besoin d'avoir quelqu'un dans ma vie parce que je me sentais très bien tout seul, mais depuis que je suis avec cette fille, je me demande bien comment j'ai pu faire pour vivre sans elle avant notre rencontre ». Auparavant, il ne ressentait pas le besoin d'avoir quelqu'un dans sa vie, mais depuis qu'il avait rencontré sa fiancée et qu'il avait appris à la connaître, il réalisait qu'il ne pourrait dorénavant plus vivre sans elle, parce qu'elle avait mis en lumière des choses dans son cœur, qu'elle seule était en mesure de combler.

Ainsi en est-il entre l'Homme et Dieu. L'Homme est satisfait de la vie qu'il mène, jusqu'au jour où il prend conscience que quelque chose de bien meilleur existe, quelque chose qui lui donnera plus de satisfaction que jamais auparavant. Un grand nombre de témoignages de personnes athées ou qui n'étaient pas intéressées par Dieu, mettent en lumière le changement radical dans leur vie lorsqu'elles firent une rencontre, celle qui marquerait à tout jamais leur existence, le jour où elles ont *vu* Dieu. Autrement dit, c'est parce qu'elles l'ont *vu*, qu'elles ont *cru*[1].

La Bible nous révèle que le seul moyen de « voir » Dieu n'est pas à travers une paire de lunettes magiques, mais à travers Jésus-Christ.

En effet, Jésus est venu pour révéler le Père. Le message qu'Il portait, les enseignements, la sagesse, l'amour et les œuvres qu'Il véhiculait rendaient le Père *visible* aux yeux de la foule qui le suivait et de ceux qui étaient témoins des guérisons et des miracles qu'Il accomplissait. Il a déclaré lui-même : « Celui qui m'a vu a vu le Père » (Jean 14:9). Les fils et les filles de Dieu ont maintenant la responsabilité de rendre Dieu visible aux yeux des hommes et ce, à travers Jésus. La destinée de toute une génération dépend de la destinée du peuple de Dieu. C'est pourquoi la Bible dit que : « La création attend avec **un ardent désir** la révélation des fils de Dieu. » Lorsque les fils de Dieu se révèlent, ils rendent Dieu visible, réel et authentique pour ceux qui ne le connaissent pas.

---

1. Cette affirmation amène nécessairement une question pour les personnes non-croyantes : Peut-on voir Dieu ? La réponse est oui, avec les yeux de la foi. La Bible ne dit-elle pas que : « la foi est une ferme assurance des choses qu'on espère, une démonstration de celles qu'on ne voit pas. » ? La foi vous communique une assurance tellement ferme que ce qui n'est pas visible aux yeux humains, est visible aux yeux spirituels.

1 – Le changement grâce à une nouvelle réforme[2]

Le christianisme souffre depuis plusieurs siècles d'une dégradation de son image. Son éthique et ses préceptes sont aujourd'hui considérés comme désuets tandis que le sentiment général y trouve une représentation austère et froide. Selon ce type de raisonnement, tout cela n'est réservé qu'à ceux qui ont besoin de croire en quelque chose, voire à des gens « faibles d'esprit ». Beaucoup de personnes tiennent ce discours jusqu'à ce qu'un proche ou les circonstances de la vie les amènent à se poser les questions qui les conduiront à se rapprocher de Dieu. Elles réalisent alors qu'il ne s'agit pas d'une religion, mais bien d'une forte relation d'Amour, qui unit Dieu à ses fils et ses filles. Cette relation qu'elles ont désormais avec Lui change l'idée qu'elles se faisaient de la vie chrétienne et de la vie tout court. L'écrivain John Bevere a fait partie de ces personnes, dont le regard s'est transformé lorsqu'il a découvert qui était Dieu.

Dans son livre intitulé « Extraordinaire la vie qui vous est destinée », il écrit :

> Je voyais le christianisme comme exempt de vie. Devenir chrétien signifiait abandonner la créativité, l'excellence, la passion, la possibilité de réussir dans les affaires, le sport, la politique et les autres sphères de la vie. Je l'ignorais alors, mais mon point de vue était à l'opposé de la vie que Dieu nous

---

2. L'emploi du mot réforme ici fait référence à la réforme de Martin Luther, le Père du protestantisme, en 1517 (voir supra, p. 31).

a destinée, car c'est lui-même qui a insufflé en nous le désir de l'extraordinaire. (...) Nous avons été créés pour refléter la nature de Dieu. Une vie remarquable, étonnante, extraordinaire n'est pas réservée exclusivement à certaines personnes ou professions. Peu importe qui vous êtes ou ce que vous faites dans la vie. Vous avez été créés pour des réalisations extraordinaires là ou Dieu vous a placé. Le pouvoir d'accomplir des prouesses remarquables et de vivre une vie d'exception n'est pas lié à une occupation mais à une disposition de cœur.[3]

Beaucoup seraient surpris de découvrir que la vie avec Dieu a largement plus à offrir que la vie sans Lui, mais ils l'ignorent à cause des murs idéologiques, dogmatiques, et philosophiques, qui ont été érigés depuis des siècles, entre Lui et les hommes. Ces barrières les ont éloignés du cœur de Dieu et de Sa pensée. Blaise Pascal a dit : « Dieu est caché. Mais Il se laisse trouver par ceux qui le cherchent. »[4] Le problème est qu'aujourd'hui, très peu Le cherchent parce que l'idée qu'ils se font de Lui est basée sur l'histoire des religions et s'oriente souvent vers des courants intellectuels niant son existence ou bien des pensées déistes qui permettent à ceux qui s'y emploient de pouvoir nager entre deux eaux.

---

3. John Bevere: *Extraordinaire, la vie qui vous est destinée*, Ed. *Vida*, 2010, p.319
4. Jean Mesnard et Blaise Pascal: *Textes inédits, p. 33*

Dieu peut attirer à Lui des hommes et des femmes de mille et une façons, mais Il le fait principalement au travers de ses enfants. Les enfants de Dieu sont le trait d'union entre Lui et les non-croyants, car ils leur présentent Dieu tel qu'Il est réellement (sa divinité, son cœur, sa puissance). C'est ainsi que le désir de le connaître naîtra dans le cœur des gens, et qu'en le cherchant, Dieu se laissera trouver par eux.

La nouvelle génération soupire après un changement profond. Elle est lasse des guerres, des attentats, des tensions raciales, des inégalités... L'heure est venue pour le peuple de Dieu de se lever, et de redonner de l'espoir en apportant des solutions concrètes aux difficultés que rencontrent les gens. Quelles soient d'ordre physique, émotionnel, spirituel, mais également financier et politique. Mais pour ce faire, il faut que la vie de l'Esprit reprenne la première place dans les vies, la place d'honneur. Seul le Saint-Esprit est à même de résoudre les problèmes, et de communiquer la vie, la paix et l'espérance. C'est uniquement de cette manière que Dieu deviendra une réalité pour nos concitoyens, et qu'Il sera au plus proche de leur situation. Mais cela ne pourra se faire sans une réforme des mentalités, une réforme de l'Église et du christianisme tel qu'on les connaît dans leurs formes actuelles. Mais plusieurs signaux nous montrent qu'elle aura lieu ; non de manière politique, mais au travers d'une génération d'hommes et de femmes remplis du Saint-Esprit.

- **« Programme politique » de Jésus et la réforme de l'Église**

Dans nos sociétés contemporaines, pour qu'une réforme prenne place, il faut définir un programme politique. Rappelez-vous, lorsque Jésus a commencé son ministère, il a lu un discours *d'investiture* devant le peuple. On appellerait cela aujourd'hui un programme politique. Voici ce qu'Il a dit :

> L'esprit du Seigneur est sur moi, parce qu'Il m'a oint pour annoncer **une bonne nouvelle** aux pauvres ; Il m'a envoyé pour **guérir ceux qui ont le cœur brisé, pour proclamer aux captifs la délivrance**, et **aux aveugles le recouvrement de la vue**, pour **renvoyer libres les opprimés**, pour **publier une année de grâce** du Seigneur.
> (Luc 4:18 à 19)

Le discours de Jésus annonce clairement ce pour quoi Il est venu : libérer la création. On y retrouve six points très importants, qui sont ô combien toujours d'actualité :

- Annoncer une bonne nouvelle

- Guérir ceux qui ont le cœur brisé (guérison émotionnelle)

- Délivrer les captifs

- Guérir les aveugles (guérison physique et spirituelle)

- Renvoyer libres les opprimés

- Publier une année de grâce

Voyons ensemble succinctement chacun de ces points, afin de les appliquer à notre tour, et voir ainsi Dieu devenir une réalité pour notre entourage.

• **Annoncer une bonne nouvelle**

Le mot Évangile vient d'un mot grec qui signifie « bonne nouvelle ». Les quatre évangiles, selon Matthieu, Marc, Luc, et Jean, annoncent la bonne nouvelle du salut et du Royaume de Dieu. On ne compte plus le nombre de personnes qui ont rencontré Dieu sans que personne ne leur en parle, simplement en lisant la Bible.

Philippe, l'un de mes amis, commençait à s'intéresser à Dieu, et à se poser des questions. Cependant, il voulait que Dieu se révèle personnellement à lui, pour lui prouver son existence. Il a donc fait la prière suivante : « Si Dieu existe, je veux qu'Il me parle. Sinon, je continue à vivre ma vie sans Lui ». Peu de temps après cette prière, alors qu'il retirait de l'argent au distributeur de billets, un couple de personnes âgées s'approcha de lui et lui dit : « Monsieur, est-ce que l'on peut vous déranger ? » L'air méfiant, Philippe répondit : « Oui ». Le couple lui dit : « Voilà, nous aimerions vous offrir l'Évangile selon Jean et nous aimerions que vous lisiez Jean, chapitre trois, et au verset sept ». Il rentra chez lui et curieux, il ouvrit l'évangile, et commença à lire : « Jésus répondit : 'En vérité, en vérité, je te le dis, à moins de naître d'eau et d'Esprit, on ne peut entrer dans le royaume de Dieu. Ce qui est né de parents humains est humain et ce qui est né de l'Esprit est Esprit' ». À la lecture de ces paroles, il fut touché de réaliser que non seulement Dieu venait d'utiliser deux personnes inconnues pour venir le voir, mais qu'en plus de cela, les paroles qu'il venait de lire s'adressaient directement à lui, inspirées par le Saint-Esprit.

- **Guérir ceux qui ont le cœur brisé (guérison émotionnelle)**

Combien de personnes aujourd'hui souffrent d'un manque d'amour ou de blessures émotionnelles, à cause d'un passé douloureux, de l'abandon, du mépris, du manque de reconnaissance, de la solitude, etc. ? La Bible dit : « Tu aimeras ton prochain comme toi-même » (Marc 12:31).

Ce verset peut sembler utopique aujourd'hui, mais si tout le monde l'appliquait, soyez certain que la plupart des conflits familiaux, professionnels, géopolitiques passés et contemporains auraient pu ne jamais exister. Cela permettrait la restauration de familles, de litiges, la fin des agressions et des vols, la fermeture des prisons et des tribunaux.

L'Homme a été conçu pour aimer et être aimé, c'est sa nature. L'apôtre Paul nous vante les vertus du véritable amour. Il dit :

> L'amour est patient, il est plein de bonté ; l'amour n'est pas envieux ; l'amour ne se vante pas, il ne s'enfle pas d'orgueil, il ne fait rien de malhonnête, il ne cherche pas son intérêt, il ne s'irrite pas, il ne soupçonne pas le mal, il ne se réjouit pas de l'injustice, mais il se réjouit

de la vérité ; il pardonne tout, il croit tout, il espère tout, il supporte tout. L'amour ne meurt jamais. (1 Corinthiens 13:4 à 8)

L'amour a une telle puissance qu'aucun cœur, même le plus dur, ne peut lui résister. Il est impossible de dénombrer le nombre d'hommes et de femmes qui peuvent témoigner que leur vie a changé le jour où ils ont rencontré l'amour. Dieu est Amour. L'amour qui est dans l'Homme est donc une caractéristique de la nature même de Dieu.

Les enfants de Dieu ont reçu l'amour de Dieu dans leur cœur, comme nous le dit ce verset : « L'amour de Dieu est répandu dans nos cœur par le Saint-Esprit qui nous a été donné » (Romain 5:5). Les fils et les filles de Dieu qui manifestent l'amour de Dieu rendent ainsi visible le caractère de Dieu. Cet amour brise la glace, transforme les cœurs de pierre en cœurs de chair (Ézéchiel 11:19), instaure la paix et guérit les blessures les plus profondes. Combien de personnes ont besoin de vivre cet amour aujourd'hui ?

• **Délivrer les captifs**

Nous avons vu dans les chapitres précédents qu'il y a des personnes victimes de malédictions générationnelles, de possessions démoniaques, ou d'addictions qui les détruisent et détruisent leurs relations avec leur entourage. Les fils et les filles de Dieu ont reçu le pouvoir de chasser les démons, « de marcher sur les serpents, et les scorpions et sur toute la puissance de l'ennemi ; et rien ne pourra leur nuire » (Luc 10:19).

À l'instar de Moïse, le peuple de Dieu est appelé à libérer ceux qui sont prisonniers de l'ennemi. Il peut le faire avec l'autorité du nom de Jésus et la puissance du Saint-Esprit. Regardons ensemble un témoignage qui illustre l'autorité dont disposent les enfants de Dieu dans le monde spirituel :

Une amie infirmière et chrétienne a, un jour, eu une patiente schizophrène. Cette patiente disait qu'elle entendait une voix qui lui demandait de se mutiler et de se faire du mal, et qu'à chaque fois que l'infirmière entrait dans sa chambre, la voix s'arrêtait. Cette patiente ignorait qu'elle était possédée, mais le démon, avait reconnu que l'infirmière était une enfant de Dieu. Cela permit à l'infirmière de mieux comprendre la cause de ces troubles.

• **Les guérisons**

Le livre des Actes des apôtres retrace les prémices de l'Église et du christianisme. L'acteur principal en est le Saint-Esprit. On Le voit tout au long de ce livre conduire les disciples et les utiliser pour enseigner et guérir ceux qu'ils rencontraient. Le ministère des disciples et des premiers apôtres était vraiment caractérisé par des guérisons puissantes qui ne faisaient aucun doute sur le fait que Dieu était avec eux.

La Bible dit : « Car le Royaume de Dieu ne consiste pas en paroles mais en puissance » (1 Corinthiens 4:20). Le mot puissance ici fait référence à la personne du Saint-Esprit. Autrement dit, le Royaume de Dieu n'est pas seulement la Parole de Dieu, mais c'est également la démonstration de la puissance de Dieu.

Aujourd'hui, les guérisons, les signes et les miracles ne sont certes malheureusement plus aussi nombreux qu'à l'époque des Actes des Apôtres, mais un renouveau est amorcé. Une génération d'hommes et de femmes se lève avec le désir de vivre enfin les réalités du Royaume de Dieu. Une génération qui est frustrée du décalage qui existe entre ce qui est écrit dans la Bible et la réalité de ce qu'elle vit au quotidien. Cette génération veut rendre Dieu visible aux yeux des hommes. La frustration est parfois nécessaire pour sortir d'un *statu quo*. Cette frustration pousse à rechercher Dieu, à découvrir la personne du Saint-Esprit et à développer une intimité avec Lui afin d'expérimenter le surnaturel sur la terre. Néanmoins, il ne faut pas rechercher le Saint-Esprit pour les miracles, mais pour qui Il est, et alors le miraculeux prendra place dans votre vie.

Une jeune fille chrétienne me racontait qu'un jour, avec des amis, elle rencontra un homme qui souffrait du genou et qui éprouvait des difficultés à marcher. Ils se mirent à lui parler de Jésus, et de fil en aiguille, lui proposèrent de prier pour lui. L'homme accepta, ils prièrent, et il fut guéri instantanément, là dans la rue ! Cette situation n'est pas sans rappeler le livre des Actes des Apôtres où l'ombre seule d'un disciple de Christ pouvait guérir un malade (Actes 5:15). Le retour au livre des Actes est en marche.

• **Renvoyer libres les opprimés**

Jésus a dit : « Si donc le Fils vous affranchit, vous serez réellement libres » (Jean 8:36). Dans nos sociétés occidentales, l'esclavage existe toujours. Il n'est plus agricole ou domestique, mais il est intérieur, propre à l'âme. Ses maîtres s'appellent l'angoisse, l'anxiété, la peur, l'alcoolisme, etc. Bien qu'ils soient libres physiquement, les pensées des hommes les enchaînent et les tirent vers le bas.

L'un de mes amis était dépendant à la cigarette, au cannabis et à l'alcool. Après avoir rencontré Dieu, il continuait de lutter contre ces addictions.

Un jour, lors d'un rassemblement chrétien, le pasteur demanda à ceux qui avaient besoin que l'on prie pour eux de s'approcher sur le devant. Il s'approcha et cria à Dieu pour être délivré. La puissance du Saint-Esprit tomba sur lui et il fut instantanément délivré, alors qu'il avait ces addictions depuis une dizaine d'années. Les fils et les filles de Dieu ont été affranchis et cette liberté acquise leur permet de dire à ceux qui sont enchaînés que pour eux aussi la libération est possible.

- **Publier une année de grâce**

Le mot original grec utilisé dans ce passage pour « grâce » est « *dektos* » qui signifie *favorable*. Jésus est venu pour amener la faveur, la bénédiction de Dieu dans la vie de celui ou de celle qui Le suit. Un homme ou une femme qui a la *faveur particulière* de Dieu dans sa vie réussit tout ce qu'il entreprend, attire la réussite et les connexions divines, ouvre les portes qui étaient fermées et surmonte l'adversité. Cette grâce attire les gens à vous et les conduit ensuite à Dieu. La révélation des fils et des filles de Dieu consiste à manifester Christ en caractère et en œuvre. Nous venons de voir une partie de ces œuvres. Si chaque enfant de Dieu, individuellement, dans son environnement, s'attelle à annoncer la bonne nouvelle, prier pour les malades et restaurer les cœurs brisés, on verra des cœurs changés et des vies transformées. Mais le programme ne se limite pas à cela, car Dieu a équipé chacun pour accomplir une tâche bien particulière.

- **« Le metron »**

L'apôtre Paul dit : « Mais à chacun de nous la grâce a été donnée selon la mesure [metron] du don de Christ » (Éphésiens 4:7). Dans ce passage de Paul, le mot grec utilisé pour mesure est *metron*. Ce mot signifie *une mesure*, mais également *une portion limitée*. Ce mot nous permet de comprendre que Dieu attribue à chacun de ses enfants une portion de grâce pour l'aider à accomplir ce pour quoi Il l'a créé, en plus des dons qui lui permettent de réaliser ce qu'Il leur demande. Cette portion de grâce est visible dans votre vie dès lors que vous évoluez dans votre sphère et c'est ce qui influencera les personnes autour de vous, parce qu'elles remarqueront qu'il y a une faveur spéciale sur votre vie. Il est donc très important de bien être à sa place, car comme nous l'enseigne si bien la nature, il est difficile à un arbre de porter du fruit lorsque celui-ci se trouve au mauvais endroit.

Je vais vous faire part de l'expérience d'un couple d'amis pour illustrer mes propos. En Janvier 2016, Kanda et Maïté quittent la France pour partir vivre au Congo, à Kinshasa, afin d'y ouvrir des orphelinats, ainsi que des structures éducatives et sportives. Ils ont tout quitté : leur emploi, leur famille et leurs amis pour répondre à l'appel que Dieu a déposé sur leur cœur quelques années plus tôt. Arrivés sur place, il leur faut un véhicule pour se déplacer. Ils contactent un de leurs amis, qui leur a gracieusement prêté un 4x4 l'année précédente. Ils lui demandent de leur prêter le même véhicule, voire même de le leur vendre. Malheureusement, entre temps, le véhicule a été vendu. Mais il leur propose de se voir afin d'en discuter. Ils se donnent donc rendez-vous dans un restaurant, et pendant la discussion, il demande au chauffeur de garer son véhicule en face de la baie vitrée où ils sont en train de manger, et leur dit : « J'ai une autre solution pour vous aider. Je vous donne mon 4x4, c'est ma contribution personnelle pour votre association. Est-ce que cela vous convient ? » Son 4x4 est flambant neuf, et coûte près des 30 000 euros.

Cette histoire nous montre que la faveur de Dieu incline les cœurs, ouvre les portes, et crée des connexions divines favorisant l'accomplissement de votre destinée. Cette faveur a accompagné ce couple qui a choisi d'obéir à l'appel de Dieu et de déménager à l'endroit voulu par Lui.

2 – Le changement grâce aux sept sphères d'influence

Une *sphère d'influence* est un domaine bien particulier qui, par son rayonnement, a la capacité d'influencer les systèmes de pensée, les cultures de millions, voire de milliards de personnes à travers le monde. La globalisation de l'information, le développement de la télévision par satellite, le développement d'internet et des réseaux sociaux, offrent aujourd'hui une diffusion beaucoup plus large des événements géopolitiques, sociaux ou culturels qui ont lieu à travers le monde.

Les grands groupes, qu'ils soient politiques, sportifs, musicaux ou autres, utilisent ces différents moyens pour atteindre leurs cibles (clients, fans, partisans, etc.) et les incitent à se joindre à eux. Par exemple, un consommateur qui doit acheter un produit et qui se retrouve face à une multitude d'offres, n'a plus un choix uniquement porté sur le rapport qualité/prix mais aussi sur la marque du produit ou du service. Les grands groupes ne vendent plus seulement un produit, mais aussi leur culture de marque. En 1975,

Bill Bright, fondateur de Campus Crusade For Christ[5] et Loren Cunningham, fondateur de Jeunesse En Mission[6], reçurent chacun de son côté, une liste de sept sphères d'influence inspirée par Dieu, qui permettent de transformer une nation. Ils ne savaient pas qu'ils avaient reçu exactement la même liste avant qu'ils ne se rencontrent et en parlent. La liste est la suivante :

- **La religion**
- **La famille**
- **L'éducation**
- **Le gouvernement (les lois)**
- **Les médias**
- **Les arts & loisirs**
- **L'économie (business, finances, nouvelles technologies)**

Voyons plus en détail ces sept sphères et la manière dont le peuple de Dieu peut les utiliser pour révéler la culture du Royaume de Dieu à ses proches, ses amis, ses relations, etc. L'auteur John Maxwell parle dans son livre, *The 21 Irrefutable Laws of Leadership*[7], de **la loi de l'image**. Selon lui, cette loi consiste à ce qu'une personne reproduise ce qu'elle voit faire par une autre si elle

---

5. Campus Crusade For Christ est une organisation missionnaire chrétienne, fondée en 1951 par Bill Bright, ayant pour but l'évangélisation et la formation de disciples dans plus de 190 pays du monde entier.
6. Jeunesse en Mission (JEM) est une organisation missionnaire interconfessionnelle, implantée dans 149 pays.
7. John Maxwell, *The 21 Irrefutable Laws of Leadership*, éd. Thomas Nelson (reedition : September 2007).

considère que cela est bon pour elle. Il explique qu'il est plus facile pour une personne de mémoriser et de refaire ce qu'elle voit faire, plutôt que ce qu'elle entend. C'est de cette manière que les enfants apprennent de leurs parents, et construisent leur identité en reproduisant ce qu'ils les voient faire. On peut aussi comparer cela au principe de l'influence : une personne est naturellement influencée par quelqu'un qu'elle estime ou par quelque chose qui produit un effet positif sur elle (ou négatif dans certains cas).

a) La religion

La religion est une sphère dont l'influence varie en fonction des pays (des modèles politiques) et des cultures. Dans les pays du Maghreb par exemple, la religion musulmane fait partie intégrante de la culture du pays et rythme la vie des habitants. En Europe, bien que le christianisme ait, par le passé, contribué à construire l'identité culturelle de beaucoup de nations, le nombre de chrétiens a très largement diminué. Lorsque l'on regarde la carte du monde, il est intéressant de voir que certaines zones géographiques sont dominées par telle ou telle religion. En effet, il y a bien longtemps de cela, lorsqu'un pays était influent, les pays limitrophes avaient pour habitude d'adopter sa religion, sa culture, sa langue et ses rites. Dieu s'est donc choisi un peuple au travers duquel Il souhaitait se révéler directement aux hommes : le peuple d'Israël. De ce peuple est ressorti la Bible, les prophètes, le Messie, les disciples, et les premiers apôtres. Le but de Dieu était qu'Israël rayonne dans la région du Proche-Orient par son économie, ses richesses, ses lois, sa justice et sa sagesse, afin que les autres nations s'interrogent sur sa réussite, et qu'en s'y intéressant, elles se tournent vers la Source de leur succès, à savoir Dieu. Aujourd'hui, le peuple de Dieu se compose d'hommes et de femmes, jeunes et moins jeunes, de toute couleur de peau, et de toute nation, qui ont pour mission de rayonner dans leur communauté.

b) La famille

« Honore ton père et ta mère comme l'Éternel, ton Dieu, te l'a ordonné, afin de vivre longtemps et d'être heureux dans le pays que l'Éternel, ton Dieu, te donne » (Deutéronome 5:16). La famille est l'endroit privilégié, le lieu où l'enfant construit son caractère, sa personnalité et son identité. Elle est le pilier de la société parce qu'elle favorise la croissance, l'enseignement, l'épanouissement, et l'envol de l'enfant vers l'âge adulte. La richesse d'un pays réside dans ses enfants et dans la capacité qu'ils ont à appréhender la vie et l'avenir. Ils héritent cette vision de leurs parents premièrement, puis de la société et de tout ce qu'elle peut véhiculer en termes d'éducation, de valeurs, de normes, de perspectives, etc.

La structure familiale traditionnelle a été modifiée ces dernières décennies avec l'augmentation du nombre de divorces, de séparations, de familles monoparentales et recomposées, et la formation de couples de même sexe. Dans le premier chapitre, nous avons vu que la dépression était la première cause de maladie chez les jeunes âgés de 10 à 19 ans, et le suicide était la troisième cause de mortalité. Afin de voir s'il existe un lien de cause à effet entre la déstructuration de la famille et la dépression chez les jeunes, regardons ensemble quelques chiffres que propose une étude américaine sur les familles monoparentales. Cette étude[8] concerne les enfants ayant grandi sans figure paternelle à la maison. Elle relève que :

- 90% des fugueurs ont grandi sans père

- 80% des enfants en hôpital psychiatrique ont grandi sans père

- 70% des enfants en maison de redressement ont grandi sans père

- 85% des adolescents en prison ont grandi sans père[9]

- 70% des adolescentes tombées enceinte ont grandi sans père

Ces chiffres corroborent le fait que le rôle du père et de la mère sont primordiaux pour l'équilibre de l'enfant parce qu'ils lui apportent chacun un modèle auquel il peut se référer. Néanmoins, pour avoir des enfants en bonne santé émotionnelle, aussi faut-il que les parents le soient eux-mêmes. Le rôle du peuple de Dieu est donc d'avoir déjà lui-même des mariages et des familles qui se portent bien afin de pouvoir aider et conseiller les familles qui passent par des moments difficiles.

---

8. Sur le site de «National Center for Fathering» : http://fathers.com/p39/wp-content/uploads/2015/07/fatherlessInfographic.pdf (consulté le 15 octobre 2015).
9. Sur le site de «Growing up With a Father» : http://www.growingupwithoutafather.org/learned.html (consulté le 20 octobre 2015).

c) L'éducation

L'éducation est le second pilier de notre société et dès lors que ce système s'effondre, ou simplement se modifie, c'est toute une société et l'avenir d'un pays qui sont transformés.

La manière dont une société choisit d'éduquer ses enfants aura inéluctablement des conséquences sur leur avenir et celui de la nation. En effet, le mode de pensée d'un individu se construit en fonction de l'enseignement qu'il reçoit. Le roi Salomon souligne cet aspect : « Éduque l'enfant d'après la voie qu'il doit suivre ! Même quand il sera vieux, il ne s'en écartera pas. (Proverbes 22 :6) » Les marques, les groupes publicitaires et autres l'ont d'ailleurs très bien compris. Ils savent que le futur d'une société se construit avec les enfants d'aujourd'hui. Il n'est donc plus étonnant de voir certains groupes tenter d'imposer au système éducatif leur point de vue de la société. C'est ainsi que l'on a pu voir ces dernières années, des prétendus réseaux éducatifs vouloir enseigner la théorie du genre à l'école. Certains pays d'Europe ont déjà sauté le pas. Les parents n'ont plus d'autre choix que d'être vigilants afin de surveiller l'éducation que l'on donne à leurs enfants.

d) Le gouvernement et les lois

Les citoyens ont de moins en moins confiance en leurs dirigeants politiques. Il y a à cela de multiples raisons, l'une d'entre elles réside dans le fait qu'ils ne parviennent pas à trouver de solutions aux différents problèmes que rencontrent les Français : chômage, précarité, coût de la vie, etc. La seconde cause est leur manque d'exemplarité de plus en plus mis à la lumière du jour par les médias.

Après avoir quitté l'Égypte, Moïse se retrouva seul à la tête d'un peuple immense. Il demanda au peuple de choisir parmi eux des hommes sages, intelligents et connus de tous, afin qu'ils l'aident à diriger. Il leur dit :

> Comment pourrais-je porter, à moi tout seul, votre charge, votre fardeau et vos contestations ? Prenez dans vos tribus **des hommes sages, intelligents et connus**, et je les mettrai à votre tête. (Deutéronome 1:12)

Ce sont ici quelques-uns des critères que devraient réunir les dirigeants politiques et les personnes haut placées ou influentes afin que les citoyens fassent de nouveau confiance aux personnes qui les gouvernent. Ils ont besoin de personnes droites, intègres, intelligentes, qui regardent l'intérêt de la nation avant leur intérêt personnel.

La Bible nous raconte l'histoire d'un jeune homme, du nom de Daniel à qui Dieu accorda, ainsi qu'à ses trois compagnons « de la science, de l'intelligence dans toutes les lettres, et de la sagesse » (Daniel 1:17). Il travaillait à la cour royale, et le roi dit de lui qu'il était dix fois supérieur aux autres, en intelligence et en sagesse. Je crois que, dans cette période particulière, Dieu veut faire se lever de nouveaux Daniel, c'est-à-dire des hommes et des femmes ayant une sagesse et une intelligence divines, capables d'apporter de nouvelles solutions, de créer de nouveaux systèmes économiques et financiers, de réduire la fracture sociale, de réconcilier les peuples et les communautés. Il veut utiliser la sphère du gouvernement et des lois pour y placer des personnes qui pourront relever le pays, avec la sagesse qu'Il leur communiquera, et à partir de la Parole de Dieu qui contient non seulement des lois judiciaires, mais aussi des principes financiers et économiques. C'est ce qu'il fit avec la nation d'Israël à sa sortie d'Égypte. En arrivant en Égypte, ils étaient 70 personnes, et lorsqu'ils quittèrent le pays ils étaient plus de deux millions.

Après 430 années d'esclavage, ils n'avaient ni lois, ni monnaie, ni système économique ou éducatif. Mais Dieu leur donna des lois, des commandements, des principes de vie concernant la famille, la vie en société, l'économie, l'éducation, la justice etc. En respectant tous ces principes, la nation se retrouva au temps du roi David, environ 300 ans plus tard, l'une des nations les plus prospères au monde. La Bible raconte que sa renommée était telle que la reine de Saba se déplaça depuis l'Éthiopie pour rencontrer le roi Salomon, afin de vérifier par elle-même si tout ce qu'elle avait entendu au sujet de ce peuple était vrai. (Rois 10:7)

e) Les médias

La sphère des communications et des médias est considérée comme le « quatrième pouvoir » en France, après le pouvoir exécutif, législatif, et judiciaire. Auparavant limité au support télévisuel, papier et radiophonique, son influence a décuplé depuis l'expansion d'internet.

Le printemps arabe de 2011 est un très bon exemple pour illustrer le pouvoir de la globalisation de l'information et des réseaux sociaux. Toute une région du monde s'est indignée à partir d'un incident isolé, relayé dans les médias.

Le 17 décembre 2010, un jeune vendeur ambulant s'immola à Sidi Bouzid, une ville située au centre de la Tunisie, pour protester contre la saisie de sa marchandise par la police. Cela entraîna des mouvements de protestation qui gagnèrent Tunis, la capitale. L'information fut relayée par les médias et les réseaux sociaux, et très vite, le mouvement de protestation contre le pouvoir en place s'étendit à d'autres pays voisins comme l'Égypte, la Syrie, la Libye, etc. Ce fut le début de ce que les médias qualifièrent de printemps arabe. Ces mouvements prirent une telle ampleur que certains dirigeants comme Ben Ali en Tunisie et Hosni Moubarak en Égypte, furent obligés de quitter le pouvoir. Cet exemple nous montre bien l'influence de la communication et des médias aujourd'hui, et en particulier internet. Des outils que l'Église aussi utilise de plus en plus pour communiquer aux croyants comme aux non-croyants sa foi et son amour.

Internet est devenu un territoire sans frontières, dans lequel toutes sortes d'informations et d'idéologies circulent, bien souvent, sans aucun contrôle. Il est vital que les chrétiens prennent leur place sur la toile, afin de communiquer un message et des principes qui peuvent transformer des vies et atteindre des personnes qui n'ont pas l'habitude de pousser la porte d'une église.

f) Les arts et loisirs

Le 21e siècle est l'époque du divertissement. Les foyers sont équipés de deux, voire trois télévisions, de la TNT[10], du satellite, d'une box internet, d'un ordinateur, d'une tablette, d'un smartphone. Tous ces outils donnent accès à

---

10. TNT : Télévision Numérique Terrestre.

une multitude de programmes partout en France et dans le monde. Beaucoup de nouvelles habitudes et de mœurs que l'on voit aujourd'hui dans la société sont apparues d'abord dans des séries, au cinéma, dans la mode, et ont fini par être adoptées par la population.

Le peuple de Dieu doit occuper la sphère des arts et loisirs afin d'y proposer d'autres choix et marquer ainsi sa différence avec des séries qui valorisent la famille et les relations parents / enfants, des clips vidéos respectueux de la gent féminine, des chansons sans insultes, des séries qui représentent la pluralité du paysage français et cassent les stéréotypes. Il doit lui aussi promouvoir d'autres valeurs, qui sont parfois à l'opposé de ce que l'on a l'habitude de voir, non pour les imposer, mais pour donner à chacun la possibilité de choisir. Cette sphère a une influence très importante, notamment chez les plus jeunes, car beaucoup construisent leur identité, leur culture, et leur vision du monde au travers de la musique qu'ils écoutent, et des séries où des films qu'ils regardent.

g) Économie (business, finances, nouvelles technologies)

L'entreprenariat est le poumon de l'économie. À lui seul, ce secteur crée la richesse d'un pays, permet l'innovation, invente le monde de demain, crée des emplois, détermine la qualité de vie et le rayonnement d'une nation. Ces cinquante dernières années, tous les pays occidentaux ont fait un bond dans les avancées technologiques qui ont permis une modernisation de leurs entreprises. La créativité y est pour beaucoup.

Très peu de créateurs ou d'inventeurs ont conscience que bien des idées qu'ils matérialisent leur viennent du Grand Créateur. Certains ont pourtant constaté, même s'ils ne sont pas croyants, que lorsqu'ils donnent vie à une idée qui les obsède depuis plusieurs semaines, voire plusieurs années, il se passe quelque chose de particulier. Ils ressentent une très forte intuition, comme un 6e sens. Par exemple, Steve Jobs, qui par ses inventions a propulsé le monde dans une nouvelle ère technologique, avoua qu'il accordait énormément d'importance à son intuition et à son imagination pour créer de nouvelles choses. Il a dit :

> La créativité est juste la connexion des choses. Lorsque vous demandez aux gens créatifs comment ils ont fait les choses, ils se sentent un peu coupables parce qu'ils considèrent qu'ils n'ont pas fait grand-chose. Ils ont juste rendu réel ce qui était dans leur imaginaire.

Le Saint-Esprit veut stimuler des idées nouvelles, de nouveaux concepts à son peuple. Il veut lui donner des rêves et des inspirations divines afin qu'il crée des entreprises, des marques, des modes, des inventions qui changent la société en la rendant meilleure. Il veut faire se lever de nouveaux leaders motivés non par le gain, mais par l'humain. Plusieurs ont déjà commencé à y travailler. Il y a quelque temps, un ami organisa une rencontre professionnelle avec une vingtaine d'entrepreneurs et de futurs entrepreneurs. Parmi eux, des web designers, des webmasters, des créateurs de dessins animés, des photographes, des musiciens, des vidéastes, des personnes travaillant dans l'audiovisuel. Ils avaient tous à cœur de créer et de promouvoir des projets de films, de web, de la musique, qui abordent d'autres sujets que ceux que l'on voit aujourd'hui à la télévision (sexe, drogue, alcool). En effet, ces sujets récurrents finissent par influencer la société en imposant à la majorité le point de vue d'une minorité, et en facilitant la propagation de phénomènes au départ mineurs, à une multitude de personnes. Car, qu'on le veuille ou non, notre société et nos enfants sont finalement le reflet de ce qui nous influence au quotidien.

3 – L'importance que chacun soit bien à sa place

Un orchestre philharmonique peut compter jusqu'à 100 musiciens. Pour donner une représentation, chaque instrumentiste doit d'abord s'entraîner de son côté, afin de bien connaître sa partition, puis, lorsque chacun maîtrise ce qu'il doit jouer, ils peuvent commencer les répétitions collectives. Pour que le morceau soit harmonieux, il est important que chacun d'entre eux suive sa propre partition, soit à l'écoute des autres, sache se placer au bon moment et respecte le rythme et les consignes imposées par le chef d'orchestre. La beauté du morceau réside ensuite dans le fait que tout le monde soit bien à sa place et suive le chef d'orchestre. Le Grand Chef d'orchestre est prêt. La baguette à la main, il replace ses musiciens, et donne à chacun d'eux la partition qu'il doit jouer. Chacun individuellement est le bienvenu : la mère célibataire, le chauffeur de taxi, le plombier, l'économiste, le professeur de mathématiques, la musicienne, l'étudiante, le retraité, l'entrepreneur, le boulanger, l'écrivain, le magasinier, chacun a son rôle à jouer, et le rôle de chacun est indispensable pour que la mélodie soit belle et glorieuse et qu'elle reflète la gloire de Dieu. Certains sont appelés à œuvrer dans des sphères « locales » (la famille, le groupe d'amis, le club de sport, etc.), tandis que d'autres sont appelés à œuvrer à l'échelle nationale, voire mondiale, et à influencer un nombre important de personnes. Quelle que soit votre sphère, il n'y en a pas de petite ou de grande, elles sont toutes importantes aux yeux de Dieu. Il vous a placé là pour être un leader, un libérateur, un porteur d'espoir, un ambassadeur d'espérance, une réponse, une solution, une bénédiction pour ceux qui sont autour de vous.

Conclusion

Considérant les clés qui viennent de vous être données pour découvrir le but de votre vie et vous amener à accomplir votre destinée, Il vous appartient maintenant de bâtir une vie de succès avec Dieu. Mais que signifie avoir une vie de succès ?

John Wooden donne une définition pleine de sagesse du succès : « devenir le meilleur que vous êtes capable de devenir ». L'interprétation de cette phrase varie en fonction de la perspective que chacun se fait de la vie, selon que sa perspective soit terrestre ou bien éternelle. Une perspective terrestre aura tendance à vous amener à fixer les regards sur la réussite et les victoires personnelles remportées grâce à vos propres forces et capacités. Dans ce cas, votre perception du succès dépend principalement de critères conditionnés par la société, mais aussi de ceux que vous vous êtes vous-mêmes fixés. Ainsi, beaucoup de personnes construisent leur vie et leurs idéaux à partir de ce que la société leur présente comme étant des critères de réussite et de bonheur, simplement parce que le sens du mot « succès » a été galvaudé. Cela ne vous donne donc aucune garantie d'avoir réellement réussi votre vie aux yeux de Dieu, bien que vous l'ayez probablement réussie selon les Hommes. Et c'est là tout le problème, car comme le dit si bien la Bible : « Que sert-il à un homme de gagner tout le monde s'il perd son âme ? » (Marc 8:36).

Une perspective éternelle vous oblige à fixer vos regards vers le Créateur parce que vous savez que votre succès est en Lui. En laissant Dieu agir dans votre vie, vous découvrez sa volonté et c'est en faisant sa volonté que vous devenez le ou la meilleure personne que vous êtes capable de devenir, et c'est en cela que vous avez du succès.

Après la mort de Moïse, Dieu s'est adressé à Josué, son successeur, et lui a donné une clé pour réussir. Il lui a dit :

> Que ce livre de la loi ne s'éloigne pas de ta bouche, médite-le jour et nuit pour agir fidèlement selon tout ce qui y est écrit ; car c'est alors que tu auras du succès dans tes entreprises, c'est alors que tu réussiras. (Josué 1:8)

Aujourd'hui, en plus de la Parole de Dieu, les fils et filles de Dieu ont le Saint-Esprit en eux qui les conduit, les enseigne, les conseille, leur donne la sagesse et l'intelligence pour accomplir la volonté de Dieu, et c'est ainsi qu'ils accèdent au succès dans tout ce qu'ils entreprennent.

Un jour, nous aurons tous à comparaître devant le Créateur. Il mettra alors nos œuvres au feu, et seules celles accomplies selon sa volonté subsisteront. Avant de vous présenter devant Lui, le seul moyen qui vous permet d'établir si vous avez réussi votre vie ou pas dépend d'une seule question : « Ai-je fait la volonté de Dieu ? »

Pour répondre à cette question, il faut regarder à Jésus qui, au crépuscule de sa vie, a pu dire au Père : « [Père] Je t'ai glorifié sur la terre, j'ai achevé l'œuvre que tu m'as donnée à faire » (Jean 17:4). Serez-vous aussi capable de faire cette même déclaration ? Votre réponse, affirmative ou négative, vous éclairera et vous indiquera si vous êtes sur la bonne voie ou si vous devez réajuster votre marche. Votre succès ne dépend donc pas uniquement du Saint-Esprit, il dépend aussi de vous car, comme il est écrit dans le livre de Job : « À tes résolutions répondra le succès ; sur tes sentiers brillera la lumière » (Job 22:28).

Pour conclure, je vous propose ma propre définition du succès : **le succès consiste à vivre chaque jour en ayant la compréhension que la volonté de Dieu pour votre vie est ce qu'il y a de meilleur pour vous.** Cette compréhension vous amène à réaliser que la meilleure façon pour vous de réussir votre vie est d'écrire l'histoire que Dieu vous a préparée. Votre histoire, ajoutée à celles d'autres fils et filles de Dieu, aura une telle influence qu'elle renversera les critères de réussite établis par la société et les alignera sur ceux établis par Dieu. Cela ne vous garantit pas un long fleuve tranquille, mais en faisant briller la lumière qui en vous, vous rendrez Dieu visible au monde, et c'est là que résidera votre succès. La société aime appeler « étoile » ou « star » les personnes qui atteignent le succès d'une manière ou d'une autre. Elles brillent le temps de l'apogée de leur carrière, puis elles s'éteignent et les gens les oublient. Mais voici ce que dit Dieu concernant ses « étoiles », ses fils et filles :

> « Ceux qui auront été intelligents brilleront comme la splendeur du ciel, et ceux qui auront enseigné la justice à la multitude brilleront comme les étoiles, à toujours et à perpétuité. » (Daniel 12:3)

Remerciements

Je tiens à remercier dans un premier temps, Whitney Jean-Gilles, mon associée et bras droit sur ce projet, pour ses corrections, ses idées excellentes et son dévouement.

Je témoigne toute ma reconnaissance à Katayi Tshinsele, Laetitia Benoit, Melody Smit, Lemaine Bazile, Wilfried Idiatha et Thierry Grappotte pour la pertinence de leurs relectures et de leurs remarques ; sans oublier l'expertise technique d'Ulrich AK.

J'adresse mes remerciements aux pasteurs Jean Bertil et Nadia Ngola, au pasteur Franck Lefillatre et à Benjamin Derand.

Merci également à tous ceux qui croient, comme moi, que nous sommes arrivés à un temps où les Fils de Dieu doivent se révéler : Philippe Dulac, Pascal Itoua, Kanda Kabangu, Max Nagels et Zy Yeung.

Merci au groupe de jeunes (vous vous reconnaitrez) pour votre soif d'apprendre et de comprendre la Parole de Dieu. Ce projet est né grâce à vous.

Enfin, je remercie toute l'équipe de « Prières projets », Kelly, Maïté, Scott, Sally, Aline, Kayser, Magali, Sandrine, Jimmy et Patricia.

Table des matières

www.ingramcontent.com/pod-product-compliance
Lightning Source LLC
Chambersburg PA
CBHW020849090426
42736CB00008B/301